도시의 흰둥이

천선자 시인은 2005년 방송통신대학교 국문과를 졸업했으며, 2010년 계간 ≪리토피아≫로 등단했다. 막비시동인으로 활동 중이다.
mail : stg3854@hanmail.net

리토피아포에지 · 24
도시의 원숭이

인쇄 2013. 8. 20 발행 2013. 8. 25
지은이 천선자 펴낸이 정기옥
펴낸곳 리토피아
출판등록 2006. 6. 15. 제2006-12호
주소 402-013 인천 남구 숭의3동 120-1
전화 032-883-5356 전송032-891-5356
홈페이지 www.litopia21.com 전자우편 litopia@hanmail.net

ISBN-978-89-6412-035-4 03810

값 10,000

「이 도서의 국립중앙도서관 출판시도서목록(CIP)은 서지정보유통지원시스템 홈페이지(http://seoji.nl.go.kr)와 국가자료공동목록시스템(http://www.nl.go.kr/kolisnet)에서 이용하실 수 있습니다.(CIP제어번호: CIP2013014951)」

천선자 시집

도시의 흰둥이

리토피아
LITERATURE & UTOPIA

시인의 말

내 마음의 양식인 마초더미 속엔 생명이 숨을 쉰다.
이슬방울을 먹고 자란 연잎의 부드러운 속삭임 있다.
여름내 웃자란 나뭇가지마다 많은 이야기가 열려있다.
어깨를 토닥이던 실바람의 부드러운 손길이 있다.
느림의 미학을 가르치는 달팽이의 강의실이 있다.
너무 먼 식탁 위의 마초더미, 손이 닫지 않는다.
바삭한 치킨과 치즈가루를 듬뿍 뿌린 피자의 유혹,
영화를 보며 먹는 팝콘과 콜라와 연인의 유혹,
사방림을 넘어오는 싱그러운 물빛 파도의 유혹,
군마를 타고 경마장으로 가는 발소리들의 유혹,
온갖 유혹들이 오래된 바람벽의 흙처럼 흘러내리고,
사각뿔로 돋아나는 일상에 젖은 마음 한 자락,
이리저리 나부끼다가 빨래줄에서 팔랑팔랑거릴 때,
너의 긴 한숨은 공허한 내면의 황량한 거리를 배회하던,
나른한 오후를 끌고 피안의 저쪽으로 간다.
감각을 잃어버린 감성의 목구멍으로 넘어갈 때 쯤,
솔내음 솔솔 나고 따끈한 공상이 아침저녁으로 피어난다.

쉼표와 도돌이표를 잘 지키며 하루를 되새김질한다.

헛바람이 드나들던 틈새를 꽉 채운 포만감,

너로 채운 나날은 가벼워지고 작아지고 겸손해진다.

마초더미 속에는 인생의 쓰고 단 맛이 들어 있다.

시는 나의 마초더미이고 친구이고 동반자이다.

늙고 병들어도 주름진 얼굴에 핀 검버섯 꽃이 아름다울 것이다.

먼 훗날 마초더미에 묻혀 살아가는 나를 생각을 해본다.

다음날도 먹고 그 다음날도 먹고 상다리가 부러지게 먹고,

질리도록 먹고 배터지게 먹으며 즐거워하는 내 모습을 그리며,

오늘도 열심히 마초더미를 맛있게 먹는다.

사랑하는 나의 가족과 지도해주신 선생님들과 리토피아에 감사를 드린다.

2013년 8월

천선자

차례

제1부 악어의 가방

제2부 風쟁이

제3부 목탄난로

제4부 굼벵이

| 제1부 |

악어의 가방

판콜A 씨

주유소 마당에다 묵직한 복사뼈를 묻고 헐렁한 잔등에 슬픔이 차오르면 바람 장단에 흐느적거리는 스카이댄서를 지나 명인제약 앞을 지나간다. 타원형 캡슐 감기약의 조형물이 제약회사임을 말하고 그 속의 영점 오 촉짜리 알전구는 희미한 열꽃을 쫓고 독감으로 찾아와 밤마다 타오르는 불꽃으로 온 몸을 휘감고 헤어지자는 말 풀려있던 기억들이 종합감기약에 취해 몽롱한 거리를 떠돌고 피지 못할 열꽃, 지킬 수 없는 약속이 봉인된 채 캡슐 속에서 알알이 흔들리고 있다.

눈사람

너의 꿈속에 나를 가두어버렸다.
내 마음은 밤나무가지 위에 걸어두고,
시간의 귀퉁이를 잡아당겨서 단번에 키를 키운다.
자유롭게 흩날리는데 밤 가시로 만든 모자를 씌우고,
달랑, 조그맣고 동그란 밤톨 하나로 입을 만든다.
단내가 나는 입 속에서 말을 할 때마다 밤꽃이 피고,
흐드러진 흰 밤꽃은 눈가루가 되어 무겁게 가라앉는다.
넌 또 다시 눈가루를 말아 흐늘대는 시간을 단단히 묶고,
난 조금씩 녹아내리는 발끝을 보며 또 밤꽃을 피운다.
너의 손길이 닿는 순간 나는 흔적도 없이 사라진다.

둥글려보면

미움도 둥글려보면 모나지 않는다. 저기 좀 봐. 미움을 먹고 잘 자란 내 키가 담장을 넘고 있잖아. 둥근 세상 밖. 둥근 비행접시를 타고, 둥근 꿈속에서 본 둥근 별을 찾아서 둥글게 떠나. 둥근 달을 좀 봐. 둥근 토끼가 둥근 쪽문을 열어 둥근 머리를 내밀고 둥글게 반기네. 둥근 웃음이야. 수많은 둥근 별을 지나 둥근 우주정거장에 둥글게 착륙해. 둥근 세발자전거를 타던 둥근 귀를 가진 아이들이 둥근 무지개나무를 심어. 벌써 둥근 열매가 익어. 어른들의 둥근 마음을 찾아주려고 둥근 어린왕자를 데리고 둥근 지구로 돌아와. 둥근 놀이동산에서 둥근 회전목마를 타고, 둥근 컵을 타고 둥근 축구를 하다 둥근 농구를 해. 종일 둥글게 노는 아이들의 둥근 눈동자가 둥근 나무에 열리는 둥근 지구의 한 가운데, 둥근 자동차들이 둥근 얼굴의 사람들을 태우고, 둥근 광장을 돌아오잖아. 둥근 빌딩의 둥근 창문을 열고, 둥근 웃음을 지으며 둥글게 몸을 말아 가슴이 따스한 사람들 속의 나.

집착

넌 사랑과 연민, 그 중간 어디쯤에서 길을 잃은 거야. 기억의 조각들 끊임없이 뇌리 속을 헤집고 다니는 문턱, 밤새 잠들지 못해 뒤척이는 뜰, 눈물의 뜰에 갇힌 문턱, 며칠 밤 자면 온다던 엄마의 목소리가 귀울음 하는 문턱, 너의 첫사랑이 떠나고 그 후 몇몇 여자들이 떠나간 문턱, 까치발을 하고 눈물콧물 흘리며 너의 여자들을 기다리는 문턱, 닳아버린 문턱엔 어린 네가 살아가고 너의 여자들이 살아가지. 문턱은 세월의 수레바퀴를 멈추었고, 텅 빈 뜰에 켜켜이 쌓인 적막, 무성한 칡넝쿨이 기둥을 감고, 지붕을 감고, 내 온몸을 감아서, 너의 여자들이 살아가는 그 슬픈 문턱으로 데려가지.

먼 길이었어

네 속에는 차디찬 피가 흐르고 있어.
내 안에 흐르는 강조차 얼어붙게 해.
매끄러운 벽 속에 시린 가슴이 멍울멍울 열리네.
살얼음 조각들이 걸음마다 발끝을 아리게 해.
고뇌의 꼬리가 꼬리를 물며 심장을 아리게 해.

빙벽과 맞닿으면 비로소 강은 온기가 돌고 숨을 쉬지.
곰삭은 고통의 해일이 어둠 속에 투명한 길을 내네.
바위틈에 매달린 이끼는 푸릇푸릇한 아픔이지.
복잡하지도 않고, 그렇다고 단순하지도 않은,
한 번도 본 적이 없는 올곧은 오월의 길이지.
길 끝에 오니 강의 늑골에도 한 떨기 꽃이 피네.

탈박각시나방 도시의 원숭이

폐교로 만든 곤충박물관 긴 복도를 따라 놓인 유리 상자 안에 집을 짓고 있는 왕거미, 교미를 끝내고 수놈을 잡아먹는 암사마귀, 먹이를 먹는 장수하늘소, 딱정벌레, 광대노린재를 지나, 여러 나라의 나비와 나방이 전시된 이학년 오반 교실로 들어간다. 지중해 바닷빛의 날개를 가진 열대우림에 사는 모르포 나비 뒤의 나방, 뒷목덜미에 그려진 원숭이의 얼굴, 뚫어져라 쳐다보는 우수에 젖은 눈빛, 축 처진 어깨, 낯익은 얼굴은 거울 속 나의 얼굴, 밤마다 깡술로 비굴함을 삼키고, 도둑고양이 걸음으로 걷는 도시 뒤에 몸을 숨긴 탈을 쓴 원숭이, 달콤한 맛에 맛들이고 안락한 생활에 길들여진 원숭이, 눈물이 없는 원숭이, 생의 부패한 조각들을 파먹어도 채워지지 않는 뱃가죽을 허리춤에 차고, 우리 속에서 내장도 쓸개도 빼주고 사는 원숭이, 아름다운 도시의 원숭이.

하루, 하루

갱년기에 접어든 여자의 심정이란 더위를 먹고 사는 거대한 맹수야. 야생의 본능을 버리지 못하고 육식의 욕구로 채운 벌건 얼굴이, 사바나의 열대야를 만들어. 우기가 가고 타들어가는 맹수의 영역, 숲이 사라진 초원의 지표면은 용광로로 변하고 불새가 날아올라. 물 한 모금을 위해 동족의 등을 밟고 앞으로 돌진하는 코뿔소, 강을 찾아가는 누우 때의 걸음엔 대지의 거친 숨소리, 흔적으로 남아있는 삶의 터에는 시원했던 바람의 무덤만 무성하고, 마른 강바닥에는 퇴색한 열정의 찌꺼기들, 맹수의 천국이야. 시침과 분침의 교차점에서 멈춘 사바나, 태양의 붉은 발바닥 위에서 발톱을 세우고 송곳니 드러내고 으르렁거리며 빛의 그림자만 물어뜯어.

허망한 영광의 알레고리*

구름안개 스멀거리는 능선을 물끄러미 바라보다가 고목에 앉은 까마귀의 눈빛과 마주치며 시선의 동선이 흔들리는 지세가 높은 곳, 임의대로 사용하다 처분할 수 있는 나대지에 터를 닦고 너를 위한 건축설계를 한다.

측량을 한다. 일정한 면의 두 지점 사이에 기둥을 세운다. 수직거리와 수평거리의 비를 맞춘다. 내밀한 언어의 뿌리를 어루만지듯 내력벽을 쌓는 흙손, 필연의 형영形影한 등걸로 지붕을 얹는다. 죽은 이를 위해 오페라 무대가 있는 정원을 만든다. 선혈의 장미를 심는다. 가시로 화관을 엮어 나들문에 걸어 둔다. 장미 꽃잎으로 길을 덮는다. 너를 초대한다.

사냥개처럼 달려드는 안개 속을 달린다. 과속으로 달려가는 바람을 제친다. 길 위에 나풀대는 은빛분리대, 노란점선이 승용차를 가볍고 투명하게 통과한다. 가로등의 소리 없는 비명이 등 뒤로 사라진다. 접도구역에서는 젖은 나뭇잎들의 실핏줄이 터진다. 검은 숲 가름목을 지나 멍에목에 접어들자

거리목을 지나는 고라니의 번뜩이는 눈망울을 본다. 너를 납치한다.

지하실 문을 열면 무영등 밑 벽난로에서는 장작더미 불춤을 춘다. 벽면 실험대 위에는 플라스크며 실린더 크고 작은 수술용 메스 날과 풀린 붕대가 어지럽게 놓여있다. 시약장 안에는 식염수에 담긴 돼지의 심장, 동물세포유사분열 몇 개가 들어 있다. 그 옆엔 반이 빈 무색투명한 포르말린으로 채워진 유리병들이 일렬로 세워져 있다. 너를 원한다.

계단마다 너의 심장을 깔아놓는다. 너는 나를 위해 남겨둔 보류지, 영원한 보류지, 수평투영면적으로 내려다본다. 바닥에 내 마음을 펼쳐놓는다. 푸른 입술, 철문처럼 굳게 닫힌 눈꺼풀, 날카로운 콧날을 하고 있는 너의 얼굴을 석고로 본을 떠 지하실 머릿돌에 새겨 넣는다. 너는 거기에 있다.

* 화가 램브란트의 명화 인용.

가을

은행을 턴다. 강도의 머리 위로 떨어지는 알알이, 구린내에 이끌려 은행으로 가서 내부 구조를 살핀 뒤에 비상계단을 확인한다. 번호표를 뽑아들고, 출입문 쪽 앉아서 은행원들의 머리를 하나 둘 들어 올려서 공굴리기를 상상하고 있을 때, 청원경찰이 다가오자 책 속의 여인과 얼른 눈을 맞추는 강도.

공범들과 모의한 뒤 흉기를 쳐다보며 자이툰 파병 병사의 비장한 눈빛을 하고 혼잣말로 중얼거린다. 빌어묵을 형사 눔, 찜쩌묵게 악독헌 눔, 모지락스럽고 징헌 눔, 서운혀서 으쩌까. 거시기, 라스베가스로 가드라고, 거서 바닥 야그나 험스로 허벌나게 묵어보더라고, 인자 나의 시상도 벧 뜰 날이당께. 애국이 벨 것이여 나가 잘 사능게 애국이제.

꼼짝 하지 마, 움직이면 쏜다. 들고 있던 가스총을 한 방 날리자 진동하는 똥내, 은행원의 엉덩이를 걷어차며 동전까지 쓸어 담으라고 협박하는 강도에게 독한 놈, 좁쌀 싸라기 같은 놈이란 말만 되씹으며 의자 밑에 숨어서 째려보는 청원

경찰, 자루를 둘러메고 튀려는 순간, 주르르 쏟아지는 동전들 동전기계를 몇 바퀴 돌아 잘도 돌아가는 세상, 돌리고 돌리고, 놀란 비상벨, 놀란 아이들, 몇몇 고객들은 비명을 지르고, 아이들 입에서는 퐁퐁 풍선 터지는 소리, 미끄러지는 함박웃음들, 강도들이 뒤엉켜 퐁퐁, 뻥뻥, 난리굿.

악어의 가방

자물쇠로 굳게 닫힌 창살 안 인공습지에 배를 붙이고, 눈을 뜬 채 하품을 하는 악어의 이빨은 지퍼가 열린 가방이다.

가방 속에 있는, 이미지 한 장이 나를 지배하는 이율배반적인 핸드폰을, 비밀번호를 누르고 계좌번호를 누르면 자동화된 삶이 하루씩 이체되는 신용카드를, 만으로 밀려가는 심약한 눈물의 파도를 닦는 손수건을, 먹어도 포만감을 느끼지 못하는 열쇠꾸러미를 버리고, 도시의 늪을 탈출한다.

롯데백화점 앞을 지나간다. 쇼윈도에서 스포츠카를 타고, 은여우 코트를 입고, 전자시계를 찬 손에 여행 가방을 들고, 감각에 익숙한 힐을 신고 있는 마네킹처럼 비상구로 향하는 짓무른 눈동자, 딱딱한 심장만 콩닥거린다.

편두통이 배란되고 이명의 징소리 문을 연다. 고통은 날개 죽지 파닥거리며 비명을 낳고, 솜이불은 무딘 시간을 덮는다. 가슴은 막다른 골목에 갇히고 숨구멍들은 벽돌처럼 쌓인다.

금빛으로 장식한 빌딩은 무너진 나의 꿈, 환각의 늪, 환청의 늪, 암울한 불빛들을 삼키며 꼬리를 흔들어 본다.

초코파이

고등학교 은사님이 돌아가셨다.
장의차, 선두차의 꽃장식 및 리본 대여.
소나무관 구입 시 화장장 최고급 유골함 제공.
생화제단 구입 시 생화바구니, 생화액자 제공.
수의 구입 시 도포, 원삼, 관이불 일체 제공.
장례식장 입구에서 판매되는 고인의 용품.
취향에 따라 소주, 막걸리, 맥주, 커피, 음료,
골라 먹는 문상객들 앞의 영정사진은,
대형마트에 일렬로 진열된 돈키호테 초코파이.
뛰어다니는 양 떼를 기사들이 싸운다고 우기고,
마부에게 악마의 마법을 건다고 우기고,
양동이를 투구라고 우기는 용감한 초코파이.
이룰 수 없는 꿈을 키우며 사는 초코파이.
이룰 수 없는 사랑에 빠진 슬픈 초코파이.
병실 침대를 지나 냉동 창고로 가는 초코파이.
화장장을 지나 납골당, 공원묘지로 가는 초코파이.
자식들 발밑에 누워서 엔진 소리에 감긴 초코파이.

영원히 황사로 남아서 떠도는 초코파이.
흰 초코파이, 검은 초코파이, 달콤한 초코파이.
같은 사이즈로 이십사 시간 찍어내는 초코파이.

근육통

산허리를 감은 구불구불한 도로를 따라 백담사 간다. 깜짝 놀라 위를 쳐다보니 비단구렁이가 꿈틀거리며 기어온다. 무거운 배 끌고 계곡 아래로 간다. 산통으로 날숨들숨 반복한다. 물속에 몽글린 흰 돌을 가득 쏟아놓는다.

돋보기를 끼고 책상에 앉아 암기를 한다. 까마귀 날아간다. 이마에 동여맨 필승이라는 단어가 설탕처럼 녹는다. 빈 커피잔을 채운다. 허리가 결리고 움직일 때마다 통증이 일어난다. 통증은 책갈피 속 침침한 눈길을 따라 종아리를 걷는다. 어깨 위로 개미들의 행렬이 이동한다.

성장통

밥을 먹고 있는데, 당근을 먹지 않았는데, 밥알에 묻은 쥐똥 같은 콩을 골라내고 있는데, 버섯의 고약한 냄새가 싫은데, 양파는 못 먹는데, 꿈속인데, 언니와 딸기맛 우유를 먹고 있는데, 대관령목장에서 방금 태어난 송아지가 민둥산을 뛰어가고 있는데, 하늘이 보이지 않는 시금치나무 밑의 버섯집에서 눈이 빨간 토끼가 당근을 먹고 있는데, 애벌레가 콩깍지에 매달려서 꼬물거리는데, 몸속의 잔가시가 너울거리는 정어리가 됐는데, 등 푸른 고등어 등에 앉아서 해초 숲을 지나가고 있는데, 인어의 노랫소리가 들려왔는데, 멜로디가 멸치 떼를 따라오고 있는데, 그 뒤엔 동굴 같은 상어의 입이 있는데, 끝이 보이지 않는 콩 나무를 타고 처녀자리별로 올라가고 있는데, 우윳빛 냇가를 지나 보물이 가득한 곳간에서 풀무원두부를 먹고 있는데, 마파두부를 먹고 있는데, 지붕이 들썩거리는데, 흔들리는데, 거인의 발치 쿵쾅거리며 다가오는데, 쫓기면서 뛰어가고 있는데, 날아가기도 했는데, 벼랑인데, 언니는 없는데, 한없이 밑으로 떨어지고 있는데, 구름인데, 발이 닿지 않았는데, 갑자기 커 있는 아이.

양털잠바의 꿈

분리수거하는 날 사각통 속으로 던져지나봐. 흙탕물이 튄 구겨진 신문처럼 낡은 자존심을 내려놓았더니 주린 배를 채우려는 어둠이 입을 달싹거리고, 토끼를 잡아먹고 있는 고요의 등 뒤에서 외로움이 웅크리고 있나봐.

비가 오나 봐. 아무 것도 보이지 않아 갖가지 생각들이 보푸라기처럼 일어나는 비좁은 공간 속에서는 기억의 철길 위를 걸어가는 소멸의 시간들이 곰팡이로 증식하나 봐. 옷깃의 습기를 먹고 있는 하마의 눈에 맺힌 눈물을 보고, 폴라티의 목젖이 길어지나 봐. 남은 신발 한 짝은 그리움을 담고 사나 봐. 긴 목도리를 감고 있는 구멍 뚫린 양말은 휑한 가슴 속에 바람을 쟁이며 사나 봐. 비가 오나 봐.

재활용 수거하는 날, 경적소리 요란한 트럭 안에서 가만히 귀를 기울여 봐. 아이들의 목소리가 들려오나 봐. 재잘거리는 소리, 웃음소리를 굴려서 공놀이를 하나 봐. 빗장을 열고 문이 열리나 봐. 구름꽃이 피어나나 봐. 몽실한 아기양이 콧노래를 부르며 엄마 양을 찾아가나 봐. 소소리바람 부는 초원에 양 떼들이 풀을 뜯어 먹고 있나 봐. 공글러서 가벼워진 몸이 하늘을 날아오르고 있나 봐.

키위나무

유리가게 앞 화분에 심어 놓은 키위나무 두 그루가 구순을 떨어트리고 있다. 아귀마다 열매를 매달고, 지주대를 기대고 함께 서서 울고 웃는 이웃사촌이다.

바람길을 달려온 동부새가 묵직한 등을 할퀴며 지나간다. 굽은 몸을 뒤척이면 잔가지들은 서로를 부둥켜안고, 잎사귀들은 놀란 가슴을 쓸어내린다. 바람에 떨어지지 않은 옹골찬 것들을 바라보며 눈물이 맺힌 꽃눈을 열고 슴벅거리는 이웃사촌이다. 겨우내 시린 발을 덮어주던 갈잎의 푸른 정원과 우울증이 마음을 도굴하던 날이면 찾아와 재잘대던 참새 떼를 이야기하며 달빛조각을 나누어 먹는다. 실바람이 겨드랑이에 간지러움을 태우고, 하하하 흔들리며 웃는 이웃사촌이다.

밤새 실한 놈만 달린 한 그루가 없어지고, 대형자물쇠를 매달고 시퍼렇게 질려 떨고 있는 남은 한 그루 곁에서 돋보기 낀 유리들이 눈을 빈짝이며 야간경비를 서고 있다.

노을

삭이지 못한 분을 참지 못하고, 한 번에 토하는 바다. 바다에 태풍이 치면 앞산이 멀미를 한다. 잎에 묻은 물비늘을 털어내도 발끝에서부터 가슴까지 일렁이는 수풀바다는 작달비를 동반한 큰바람에 메스꺼움을 견디지 못하고, 앙상한 가지만 남겨두고 밤새 골짜기마다 푸른 잎을 토한다.

임신 중인 친구가 병원으로 가고 있다. 에스프레스 한 잔을 마신다. 옷을 벗고 길게 누워있는 앞산이 보인다. 뒤축이 닳아 발이 나온 구름이 힘겹게 재를 넘는다. 바위에 부딪히고, 구르며 한달음에 치닫는 물살, 나뭇가지를 놓친 참새 한 마리가 소스라친다. 몽돌의 졸인 마음이 새까맣게 타들어간다.

살내음 풀어진 골짜기, 숲의 끝자락을 들어 올린다. 음부를 드러낸 채 입술이 갈라터지고, 땀으로 뒤범벅이 되어 소리치면서 열 시간이 넘도록 산고를 겪고 있는 그녀, 마른 아이를 낳고 있다. 혼미한 귓가에서 속삭이는 악마 시간의 탯줄이 길어지고, 양수에 빠진 노란 햇살 산허리가 온통 핏빛이다. 난산이다.

성형공화국

국회의사당 앞에서 일인 시위를 한다. 비바람 속에서 비장한 모습으로 삭발에 단식을 하는 동영상이 퍼지면서, 하나 둘 동조하기 시작한 사람들이 혁명의 선두주자가 되겠다고 거리로 쏟아져 나온다. 서울광장이 물결친다. 너울대는 파도 위에서 바나나보트를 탄다. 여의도 광장에서 윈드서핑을 즐긴다. 총 투표 90% 중 67% 지지라는 높은 비율로 당선된 청와대 새 주인이 성형대학교를 세우고, 성형지역단체를 만들고, 거리의 깃발처럼 휘날리는 성형외과 입간판 앞에서 성형공화국 국민으로서 반드시, 거곳 이상은 성형을 해야 한다는 국민헌장을 선포하고 계엄령을 내린다. 네모난 턱에 납작코, 아줌마 파마를 하고 미장원을 나와 사거리 신호등 앞을 서성거리는 한 남자가 단속 중인 경찰관에게 경고장을 받고, 울기도 하고, 웃기도 한다. 까치가 집을 짓나, 특별 단속을 하고 있는 경찰관들은 경부고속도로 서울요금소에서 바리게이트를 치고, 서울을 나가려는 범죄자들을 붙잡아 바코드를 찍어 수술실로 보내며, y셔츠단추, 블라우스단추, 단추란 단추는 죄다 오버단추로 바꿔 달아라, 오버오버 무전단추

보낸 뒤 요주의 인물들은 전국에 수배를 내리거나 출국금지령을 내린다. 세모꼴로 자른 조각 턱이 인터넷 사이트거곳간을 갉아먹는다. 입술을 토인처럼 뒤집어 발음이 되지 않는 여학생들은 아프리카로 수출을 해도 여전히 목표달성을 할 수가 없다. 여름이면 여배우의 가슴이 물 풍선으로 터진다. 실리콘을 대량으로 밀수입한 부동산부자가 좋은 시민 상을 받는다. 새로운 기술을 수입하라고 특명, 새로운 기계를 밤낮 만들어내라고 특명, 메스를 특별기로 수송하라고 특명, 하루에 수십 번씩 특명을 내린다. 성형체인점을 회진하는 의사들은 회전식 수술로 풀코스를 돈다. 시민들의 눈을 고양이 눈으로 만들어 헤드라이트로 달고 야옹, 안개등을 달고 달리며 야옹야옹, 쌍라이트를 달고 달리며 야옹야옹야옹.

외톨이

몸집이 왜소하고 귀가 짧은 토끼가 머리를 들이밀고 먹이를 먹으려고 한다. 귀가 긴 토끼들이 귀가 짧은 토기를 막는다. 허기진 배를 움켜쥐고 빈 그릇을 핥는다. 지난여름 멋지게 파 놓은 굴을 내어주며 귀를 쫑긋 세운다. 귀가 긴 토끼들이 자리를 옮긴다. 그림자놀이에 지친 귀가 짧은 토끼는 귀가하지 못하고 무료한 햇살이 토끼의 눈 속으로 기울어진다. 멧돼지의 습격을 받아 귀가 짧은 토끼의 털이 한 움큼 빠져있다. 목덜미 위로부터 정수리 아래까지 털이 빠진 귀가 긴 토끼 한 마리가 피를 흘린다. 귀가 잘려나간 귀가 긴 토끼 두 마리가 겁에 질려있다. 밤마다 조금씩 사라지는 귀.

뒷산 쪽으로 시시티비를 설치한다. 하늘에 걸린 달덩이가 토끼장을 비추고 영상에 잡힌다. 토끼의 항변이다. 세상에서 제일 못난 귀를 가지고 있어요. 이 귀로는 들을 수 없어요. 볼 수도 없어요. 혼자인 고통은 빛도 없어요. 계절도 없어요. 오직, 어둠뿐인 무덤 속에는 고뇌의 잔상으로 남아 있는 해골의 눈구멍에서 보랏빛 관목이 자라나요. 무성한 잎을 잘라도 우듬지를 잘라내도 자꾸 자라나요. 보랏빛 관목의 숲을 지나면 고독의 푸른 성이 보랏빛 손을 내밀어요. 담쟁이 넝쿨에 달린 입들이 말을 걸어와요. 길을 잃은 무음의 언어들이 보이지 않는 계단을 타박타박 걸어서 고리를 잡아당기면 어긋난 척추들이 무너져 내려요. 나를 키운 보랏빛 관목이 부패한 뼈 조각들을 부둥켜안고 슬픈 블루스를 추어요. 귀가 가장 긴 토끼의 귀를 잘근잘근 씹고 있는 귀가 짧은 토끼.

태양의 신 '라'

꿈을 꾸는 목각인형이다.
사막고양이의 눈 속에서 모래바람이 인다.
사구를 짊어지고 걸어가는 굽은 등이 있다.
낙타가 없는 사막, 모래장화를 신고 간다.
건조한 두 눈을 비비며 하늘을 바라본다.
검은 띠를 형성한 수리 떼가 날아오른다.
사막의 하얀 밤이 맹수의 발톱으로 자라난다.
푸석이는 꿈 덩어리는 모래무지의 꿈일 뿐이다.
질긴 꿈 덩어리는 사막여우의 한 끼 식사 일뿐이다.
수없이 많은 물음표가 모래 위에 발자국을 남긴다.

매일 날개가 돋아나는 생각나무가 있다.
매일 몇 뼘씩 자라나는 생각나무가 있다.
매일 열꽃이 피어나는 생각나무가 있다.
몇 개의 심장을 가지고 태어나는 생각나무가 있다.
가느다란 수맥을 따라서 꿈눈이 움튼다.
꿈눈 속에는 협곡의 거친 숨소리가 남아있다.

사방으로 뻗어가는 양팔에는 꿈잎이 무성하다.
사방으로 뻗어가는 다리에는 꿈숲이 울창하다.
잠들지 못하는 머릿속에는 뿌리가 깊다.
무릎 위의 동그란 무늬 나이테가 선명하다.

촉촉한 구름의 눈빛이 타오른다.
오감을 자극하는 바람의 혀끝이 부드럽다.
빛을 잉태한 그림자의 젖가슴이 부풀어 오른다.
발등을 적시는 빗물 딱딱한 발등에서 피가 흐른다.
꽃대가 솟아오르는 자리, 심장이 뛰는 소리가 들린다.
작은 내 심장이 지구에 걸린 태양을 밀고 간다.

단풍

고독마저 뚝뚝 부러트리는 상수리나무 밑동
베레모를 눌러 쓴 가을이 캠퍼스를 펼치고 있다.
찬바람이 불쑥 찾아와 서성거리는 언덕 위
대문이 없는 집들이 햇발 아래 옹기종기 모여 있다.
경계를 따라 쌓아 놓은 크고 작은 돌들이
층을 이루며 작은 돌이 큰 돌에 안겨 있고
큰 돌이 작은 돌을 품고 있는 돌담에
듬성듬성하게 박힌 흰 돌의 말간 웃음길로
메아리를 부르고 산새들을 부르고 청솔모를 부르고
꽃을 피운 여름산이 실수로 쏟아버린 붉은 물감,
푸른 능선을 징그럽게 물들인다.

| 제2부 |

風쟁이

맹지

타인의 지번으로 팔과 다리를 묶인 자루형 토지이다. 메아리가 염장된 통조림통을 끌어안고 있는 포대자루이다. 불안만 발효시키고, 있는 무명자루이다. 어둠으로 꾹꾹 밟아 놓은 길이 없는 자루 위에 부드러운 햇살 한 점 물고 온 바람이 실없이 끈 자락을 흔들고 있다. 뽀얀 뺨을 부비며 서성거리는 두려움이 자루 속을 채우면 잘잘하게 접힌 웃음들이 텅 빈 허공을 두드리는 닳아빠진 자루이다. 꿰맨 자리 선명하게 남아 있는 자루의 곳곳을 타고 기억들이 흘러내린다. 돌돌 말린 슬픔이 별처럼 반짝이는 풀리지 않는 자루이다. 현재가치가 없는 자루이다. 미래가치가 없는 자루이다. 혹시, 한 귀퉁이 터진다면 빌딩 하나 세워질 자루이다.

결혼기념일

백송이 장미 생크림 케익에 촛불을 켜고,
당신과 함께 마시는 레드와인.
부드럽고 달콤한 시간들 투명하게 열리고,
끝없는 포도나무길 자전거를 타고 달린다.

보르도 지방의 작은 마을 쌩떼밀리옹,
포도밭 속 하얀 벽돌에 기대어 선 붉은 지붕들,
석회교회 종탑 계단을 오르는 수도승
골목을 따라 구릉을 오르며 중세로 걸어가고,
저장창고 돌며 맛, 향, 질감을 감별하는 소믈리에.

싱그러운 바람을 쟁이는 두 개의 바퀴
어깨를 끌어안는 상망想望한 푸른 잎.
천 년을 기다린 지롱드 강의 응결凝結한 입맞춤
내리쬐는 태양 타오르는 대지.
우리는 잘 익어가는 붉은 포도.

영하의 온도, 뜨겁다

트럭이 복잡한 교차로를 지나 에움길 돌아 내리막길을 간다. 제동장치가 말을 듣지 않아, 멈출 수 없어, 너의 옆구리를 꽝 하는 순간, 영혼을 한입 베어 물고 가는 번개, 극점의 빙하는 이성의 견고함을 가두어버리고, 에어백이 공중부양 마술쇼를 해, 튕겨나간 바퀴가 풍선되어 구름 위로 날아가, 심장이 터질 것 같아, 부서진 전조등에서 피어난 흑장미 열 송이, 백송이, 만 송이를 들고 달아오른 몸뚱어리는 마법의 빗자루를 타고 마왕의 성으로 달려가, 반쪽 갈비뼈를 부러뜨렸군.

텅 빈 머리는 무색 허공을 걷지, 검은 피는 솔비나무의 마른 잎을 덮고, 메아리가 없는 외침은 숲을 울리지, 광열의 마왕이 마파람을 안고 맹렬하게 타오르며 불꽃놀이를 해, 환상적이군, 잿더미가 된 엔지, 숯 검댕이 고철덩어리는 순간을 태운 질량이지, 쌍둥이별이 무지갯빛으로 빛나는 겨울하늘 아래에서 남은 점멸등이 오랫동안 꺼지지 않는군.

건망증

기차가 간이역에 멈출 때마다 삶의 풍토기를 지운다.
망각의 백리향을 피운다. 망각의 천리향을 피운다.
조각난 과거는 하나둘씩 사라진다.
안개꽃 미래는 한꺼번에 수몰된다.
약국 앞 사거리 푸른이끼 수염의 거무스름한 노목
붉은 글씨 선명한 현수막을 내건다.
신상명세, 인상착의를 인터넷에 올린다.
돌아서면 밥 달라고 아우성이던 할머니
결혼한 작은고모더러 누구요 어떻게 왔어요. 묻던 할머니
길을 잃으면 암울한 돌담길을 걸어온다.
커튼을 내린 채 기차는 종착역을 향해 달린다.
연두빛 꿈을 실은 황금바리, 얼룩무늬 생활을 실은 나귀바리
기차는 서서히 우기에 접어들었고
후미진 기억의 간이역을 지나 무작정 달린다.

가오리

수족관 속의 스쿠버다이버가 가오리에게 먹이를 준다.
가오리는 모래를 뒤집어 쓴 채 늙고 병이 들었다.
그래도 먹이를 받아먹으려고 사력을 다해 배를 뒤집는다.
이조차 사라진 입 속으로 먹이를 삼키고 우물거린다.
지친 가오리 힘이 빠져 구석으로 물러선다.
몸통보다 긴 꼬리가 늘어지며 한창이던 시절을 추억한다.
톱니보다 꼿꼿하던 위엄이 피질돌기로 남아 있다.
물 위에 뜨지도 못하고 바닥에 납작하게 엎드린다.
이승과 저승의 문턱에 앉아 각진 세월을 둥글려 본다.
시간은 더디 가고 저승밥 한 그릇이 유일한 일상이다.

외투 끝에 묻은 햇살

아버지는 지하방 전세보증금을 주식으로 날렸다.
알코올 중독에 빠져 몇 해를 구들장만 등지고 산다.
여동생은 동화 속 유리구두를 찾아 집을 나갔다.
노모의 혀는 건기 속에서도 쑥쑥 자라났다.
고장 난 뻐꾸기시계와 가족사진이 걸려있는 벽 사이의 그는
빗살무늬 창문을 잠그고 눈을 모니터에 고정시킨다.
한 손에는 마우스, 한 손에는 김밥, 게임을 시작한다.

눈 비비며 콧등까지 모자 눌러쓰고 외출한다.
규칙적인 일상 툭 꺾어버리고 편의점에 들러 담배를 산다.
공원 그늘 밑에 있는 옹이진 의자에 걸터앉는다.
관절염에 찌든 손가락들을 버드나무에 걸어둔다.
눈동자는 수 억만 광년 우주정거장에 도착한다.
외계인의 징표가 남아있는 다크서클이 눈 밑에 있다.

한 남자가 여자와 아이의 손을 잡고 걸어온다.
여자 어깨 위의 손이 그네를 타고 있는 아이를 바라본다.

목구멍에서 뭉클한 덩어리가 올라온다. 심장이 뛴다.
저 가족의 내장에는 인간들에게는 없는 부품들로 차 있겠지.
세계 최초로 만들어진 무기가 분명해, 저걸 사야 한다.
가족들의 웃던 얼굴이 잠시 나타났다가 사라진다.
우체통 안으로 쟁여지는 지로용지가 숨이 가쁘다.
세금 독촉장을 받고 바쁜 해거름에도 빚더미만 쌓여간다.
빚더미의 집이 언덕 아래로 텅텅 소리를 내며 굴러간다.

피씨방의 화면이 비눗방울처럼 떠다니며 울타리를 만든다.
화면 속 캐릭터들이 하나 둘씩 걸어 나온다.
마지막 동전을 손바닥 위에 올려놓고 굴린다.
골목 끝에 있는 고리대금업자를 찾아가서 영혼을 잡힌다.
로또의 숫자공이 돌아가면서 행운의 숫자를 잡아낸다.
양쪽 주머니 속에 쪼그리고 있던 웃음이 팡팡 터진다.

나무, 우울증

복잡한 도로가에 목숨만 유지하고 있는 나무,
출근길에 물을 주고 거름을 줘도 잎이 마른다.
햇살 머금은 솔바람이 잔가지를 흔들어도 반응이 없다.
가랑비가 천천히 우듬지를 적셔도 생기가 없다.
뼈마디만 남아있는 나무에 칡넝쿨이 감고 올라간다.
숭숭한 털북숭이 줄기가 목을 감고 올라간다.
나무를 살리기 위해서 칡넝쿨을 자르고 뿌리를 캐낸다.
이튿날 아침, 나무가 스스로 물관을 끊어버렸다.

고목

기다림으로 빚은 밥알을 삼키며 오늘을 시작한다.
열정의 빈터에서 그리움의 속살을 드러낸다.
웃음을 등 뒤에 슬쩍 남겨 둔다면 어깨가 툭 부러지겠지.
깊은 눈동자가 바싹 움켜쥔다면 허리가 툭툭 부러지겠지.
단 한 번의 손길은 만개한 꽃길이야
그 꽃잎에 밑동이 툭툭툭 부러지겠지.
하루 같은 천 년이 지나가고 천 년 같은 하루가 또 지나도
빈 산등성이 부여잡고 있는 빈 가슴엔
밥알이 채워지지 않고 숭숭한 구멍만 생겨난다.

울화증

그녀가 앙상한 나뭇가지 밑에서 갈잎을 담는다.
달콤 씁쓸한 빗물에 젖은 마른 갈잎들을 담는다.
노래를 잃고 바스락대는 귀뚜라미도 담는다.
사금파리 부엽토를 드럼통에 넣고 불을 피운다.
훅, 하고 일어난 불꽃이 원을 그리며 춤을 춘다.
갈잎 한 줌 두 줌에 바람이 덩달아 춤을 춘다.
하늘로 쏘아올린 난장이의 꽃불을 보며 웃는다.
한걸음에 달려오는 어둠의 무게를 가늠해 본다.
가시덤불을 걷어내고 갈잎 한 아름 더 던진다.
진흙탕 불길 달려온 화마를 안고 흐흐흑, 웃는다.
벌겋게 달아오른 드럼통과 벌건 얼굴이 하나 되어
밤하늘에 수를 놓아 열두 별자리가 빛난다.

명인 방법
—등기할 수 없는 수목

가시울타리 안에서 일렬로 서 있는 죄수들
번호표를 달고 손과 발이 묶인 채 서 있는 한 죄수
어둠 속에 고뇌의 즙으로 푸른 날개를 기른다.
밑동에서부터 등걸에 새겨진 멍에를 잠시 내려놓는다.
멀티비전처럼 촘촘히 박힌 눈으로 먼 곳을 응시한다.
구름 위엔 수리부엉이의 왕방울 눈이 달콤하게 굴러간다.
발정 난 암고양이의 사랑 행각에 뭉글한 구름꽃 피고진다.
말하는 생쥐는 가시울타리 밑에서 날아가는 융단을 짠다.
바람의 긴 팔에 안겨 세상 끝까지 밀월여행을 떠난다.
몽환적인 시간들은 날개를 접고 바지랑대 위에 걸린다.
흙에 묻힌 두 발을 지그시 누르고 하늘을 바라본다.
아득히 줄지어 이동하는 겨울철새들.
뒤를 쫓아 날아가는 죄수의 눈빛.

어둠을 풀어 방목하다

그가 어깨를 누르고 있는 벼랑 끝에서 어둠을 방목한다. 구릉 속에 피어난 노루귀, 미나리냉이, 바람꽃들, 온갖 생각들로 가득 찬 어둠을 몰아 모퉁이를 돌아간다. 검은 봉지를 뒤집어쓰고 물웅덩이에 빠진 발가락이 남빛이다. 연잎을 먹은 어둠의 어깻죽지 아래에서 날개가 자라난다. 회돌이목은바위를 지나 상수리나무 위에서 고양이가 노래를 한다.

증기기관차는 주전자 로봇을 태우고 미지의 세계로 출발한다. 솔 장작을 태우던 앵무새가 송진 검을 씹으며 코끼리와 말을 한다. 이상한 나라의 엘리스가 고양이와 앵무새와 코끼리와 말을 한다. 야생 다람쥐가 창살에 머리를 쥐어박으며 달아난다. 애완견 미지가 메뉴판이 없는 식당에서 주문을 한다. 굽은 도로가 구물거리며 안개의 혓바닥을 지나 동해로 간다. 돌배나무의 동그란 열매들이 거꾸로 매달려 있다.

고구마를 굽던 뚱뚱한 난로의 봉긋한 젖무덤은 수유 중이다. 초승달을 베어 먹던 먹구름이 산마루 밑에서 컹컹 짖어댄다. 어둠은 다람쥐와 미지와 돌배나무와 먹구름과 말을 한다. 어둠은 금빛 날개를 펴고 벼랑 속으로 스며든다. 어둠이 사라진 벼랑의 바위가 갈라지고 상상의 문이 열린다.

고래잡이

—희망정형외과로

두 녀석은 가다말고 문방구 앞 뽑기 인형통을 이리저리 살펴본다. 미꾸라지를 파는 꼬부랑 할머니를 보고 지구에서 처음 마주친 듯 발바닥이 보도블록에서 떨어지지 않는다. 계단을 오르다 갑자기 배가 아프다고 화장실을 간다고 떼를 쓴다. 순서를 기다리는 녀석의 표정이 바싹 얼어 붙어있다. 서로 먼저 들어가라 실랑이 하는 목소리가 가늘게 떨린다.

눈가에 눈물이 고인 녀석이 마취주사를 맞고 편안하게 누워있다. 얼마 후 정적을 깨는 의사선생의 말씀, 수술이 예쁘게 됐는지 어머니가 보세요. 오금이 절여 고개를 돌리고 떨고 있다가 눈을 가린 두 손을 슬며시 내린다. 하얀 시트 위에 낭자한 핏물, 죽은 듯이 누워있는 녀석, 아기 고래 한 마리를 잡았다. 앞이 캄캄하고 머리가 어지럽고 메스꺼워진다.

축 늘어진 어깨를 부축 받으며 겨우 병원 문을 나선다. 십리 안으로 들어간 눈 속에서 스쳐가는 사물들이 비틀거린다. 어기적거리면서도 웃고 떠들고 장난치며 가는 두 녀석은

사타구니에 종이컵 하나씩 당랑거리며 만선의 꿈을 안고 포경선의 닻을 올린다.

가슴 검은 도요

가슴은 산불에 탄 숲이지. 생명 없는 검은 숲에는 억 만년 전, 비글호를 탄 다윈처럼 인터넷 속 바다에서 거친 파도와 싸우며, 갈라파고스군도 핀치새*의 이야기를 찾아서 찬찬히 노를 저어. 난 분명 먹이와 환경에 잘 적응된 부리를 가진 핀치새야. 발톱을 세우고 당신의 잘 생긴 얼굴을 할퀼 땐 영락없는 핀치새야. 당신의 뜨거운 피를 좋아하는 습성이 아직도 남아있는 핀치새야. 하늘을 담은 징 박힌 호수가 허리를 굽히고 흐린 달빛 아래에서, 기억을 물어뜯는 핀치새의 깃털을 반복해서 헹구어 내고 있지. 빛바랜 인내심을 화산바위에 올려놓고 갈고 닦는 핀치새. 부리를 꿰어 찬 집착들이 날아올라 각을 맞추고 등고선을 이루네. 결 고은 나뭇가지에 물이 오르고 핀치새가 봄의 속살을 쪼아댈 때, 검은 숲속에 세운 말랑말랑한 푸른 박물관.

* 갈라파고스군도에 서식하는 흡혈새, 핀치새, 뱀파이어새라고도 함.

척, 하며 가는 길

너에게로 가는 길은 막다른 도로이다.
사방이 벽으로 쌓인 도로이다.
꺽꺽 차오르는 목구멍에서 오리소리가 난다.
이십사 시간 산소 없이 살아간다.
어떻게 살 수 있느냐고 한다.
그건, 그냥 사는 거다. 살아주는 거다.
삶의 깊이가 꼭 발목까지만 닫는 얇고 딱딱한,
그 자리에 서서 한 길 어둠만 퍼 올린다.
금이 간 마음의 동공이 도로가에 실핏줄을 남긴다.
메마른 두 눈에서 돌알이 커 가는데 눈물이 난다.
눈물은 안개로 남아 막다른 도로 위에 눕는다.
사는 척, 하는 거다. 이젠 척, 척, 하며 습관적으로 산다.
꽉 막힌 좁은 도로에서도 척, 하면 길이 열리더라.

복대리

—그림자의 그림자

대리인이 자신의 이름으로 선임하는 복대리.
본인을 대신하는 복대리, 임의 대리, 복대리.
등잔불 아래 두 엄지를 펴고 깍지 낀 네 개의 손가락,
창호지 문 위에 검둥이 한 마리 나이테를 잘게 자르고,
계단을 오르면 줄었다 늘었다 압축되어가는 복대리.
앞으로 끌어 당겨도 거인처럼 뒤로만 커가는 복대리.
정오의 태양 아래 서면 검은 보자기 속으로 사라진다.
마술사가 쥔 칼이 상자를 가로지르며 머리가 사라지고,
몸통이 사라지고, 두 팔이 사라지고, 두 다리가 사라진다.
영원히 검은 상자 속에 사는 본인의 대리, 복대리.

바이올린

록키산맥 중턱에서 나지막하게 엎드린 여자,
앉은뱅이 측백나무 같이 키를 낮춘 여자,
가슴을 풀어헤치고 칼바람을 받아들이는 여자,
뜨거운 심장을 혹한에게 내어주고 사는 여자,
움푹한 속에 한 줌 햇살을 담고 사는 여자,
움푹한 속에 한 줌 바람을 담고 사는 여자,
움푹한 속에 한 아름 울음을 담고 사는 여자,
움푹한 속에 한 아름 웃음을 담고 사는 여자,
움푹한 속에 한 길 어둠을 담고 사는 여자,
움푹한 속에 한 길 고요를 담고 사는 여자,
텅텅 소리가 커질수록 아름다워지는 여자,
종일 맑고 고운 소리를 내는 장인 같은 여자,
여자, 여자, 여자들이 산다.

風쟁이

말이 너무 많군. 쓸데없는 소리. 미안, 재미있긴 하네.
돈을 주고도 못 들을 무용담이야, 장비가 울고 가겠어.
갑옷을 입지 않고 방패도 없이 칼만 찬 무사로군.
오가는 사람들을 한 번씩 찔러보는 그 심리는 대체 뭐야.
머리 좋다고 자랑하니, 그건 오해가 좀 있는 것 같은데,
너무 긴 스토리는 뻔하고, 고리타분하고, 바람이 새잖아,
바람 빠진 자전거가 굴러가네. 끝없이, 얼씨구절씨구.
지구 한 바퀴, 아니 우주 한 바퀴는 거뜬히 돌겠어.
탄약만 달이고 재탕은 하지 마, 듣는 사람 김이 빠지거든.

콘솔

유럽황실가구들의발은모두사자의발을하고있다긴갈기와황금빛털을펄럭이는사자들콘솔에달린네개의발이달리자수많은발들이달린다가구점에가구들은없고온통사자뿐이다진열장을박차고달리는사자들숲을달린다초원을달린다케냐의광야를달린다나도지프차를타고비포장도로를달린다평화롭던초원에울리는총소리황혼속으로사자의왕이쓰러진다황폐해진광야엔총소리만달린다마사이마라국립공원앞마사이족들유창한영어로관광객들을따라다니며외친다

도넛*

동그라미 속의 동그라미, 부드럽고 달콤한 도넛이네. 고소해서 물리지 않는 도넛, 낮에만 잘 팔리는 도넛이네. 소문 듣고 몰려든 사람들이 바게트 빵집 앞에 줄을 서네. 금고를 몇 개 더 사야겠어. 말로만 듣던 구름빵이야. 손이 열 개라도 모자라. 뛰어도 도무지 주체할 수가 없어, 이스트를 더 넣고 버터도 더 넣어야지. 질 나쁜 밀가루면 어때. 퇴근시간을 맞추어 바구니마다 채워놓고 값을 올려야지.

안의 동그라미는 작아지고, 밖의 동그라미는 더 커져가는 밤, 외곽의 새 바게트 빵집들만 호황이야. 썰렁한 배꼽이 보이네. 속이 더부룩한 사람도 편안한 달콤한 크림이 흐르는데, 한입 베어 물 때의 뭉클한 감동이 앙꼬처럼 남아 있는데, 알 수 없어, 기어이 중심이 터져버렸어. 돌릴 수만 있다면 타임머신이라도 타고 싶어. 알라딘의 램프라도 훔치고 싶어. 사십 인의 도둑이 되어 바위 문 열고 싶어. 들쥐들이 옆구리를 갉아 먹고 낮의 기억들로 북적되는 텅 빈 밤거리, 사람들이 떠나버린 중심은 접시 위에 덩그렇게 남아있는 딱딱한 도넛.

* 도심의 땅값이 오르고 생활환경이 나빠지면서, 도심의 인구가 감소하고 주변의 인구가 증가하여 인구 배치가 도넛 모양을 이루는 것을 도넛현상이라 말한다.

코트 속의 남자

그가 태양의 자궁을 찾아 간다. 지구가 태어나기 전부터 존재하던 자신의 DNA를 생각한다. 가방 깊이 넣어 둔 마지막 자존심인 트런치코트를 입고, 태양의 DNA가 화석으로 남아 살아 숨 쉬는 패스트푸드점으로 간다.

노루잠을 자던 곳의 뜨거운 입김을 생각한다. 포근한 가슴 한 자락 내어주던 의자를 생각한다. 혹한 속을 걸어가는 코트 속에서 간간이 웃음소리가 새어나온다. 콧노래를 부르며 계단을 오르는 발끝이 무지개를 만든다. 창을 등지고 앉아 메뉴판을 꼼꼼하게 살펴보며 주문을 한다. 주머니 속에 손을 넣고 한 참을 망설이다 천 원짜리 지폐를 꺼낸다. 아메리카노 한 잔, 몇 개의 쿠키로 잘록해진 하루가 배를 채운다.

오르곤 속의 인형이 진주구슬이 달린 드레스를 입고 춤을 춘다. 진한 커피 향에 젖어있던 그가 오르곤 속의 인형과 춤을 춘다. 달아오른 벽난로가 어깨를 끌어안고, 그의 언 볼은 창을 물들인다. 탁자 위의 생수컵을 바라보며 부드러운 눈꺼풀을 말아 올린다. 지친 가방이 곯아떨어지고 헤진 잠을 깁는 패스트푸드점. 새로운 DNA의 새로운 지도를 그린다.

도마뱀의 긴 꼬리는 붉다

놈의 꼬리를 확 자를까 하다가 문을 열었다. 알아서 나가겠지.
지극히 이성적인 나를 끌어들여 난처하게 한다. 나쁜 놈이다.
지하철 입구에 어떤 노파가 머리 산발하고 누더기 걸치고,
무릎 꿇고 앉아 찌그러진 깡통을 내민다. 소매를 잡아당긴다.
노파의 손을 뿌리치고 니트를 털며 돌아서는데,
내 안에 숨어있던 놈이 불쑥 나타나 길을 막는다.
얼굴이 화끈거린다. 신발끈을 다시 묶고 걸음을 재촉한다.
놈은 숨을 몰아쉬며 긴 꼬리를 어깨에 둘러매고 따라온다.
쫓기고 쫓다가 그만 보지 말아야할 놈의 눈을 보고 말았다.
놈의 눈은 마르지 않는 깊고 맑은 샘이다.
그 속에 놈의 얼굴이 피카소의 추상화처럼 걸려있다.
유리컵을 대면 금방 일급수의 물을 만든다.
넋이 나가도록 바라보다가 두려움에 얼른 돌아선다.
며칠이 지나도 포기하지 않는 놈의 꼬리 재빠르게 자르고,
앞만 보고 뛴다. 돌아보니 잘린 꼬리가 펄쩍펄쩍 뛰어온다.

| 제3부 |

목탄난로

그녀는 셰이프

그녀가 매일 달콤한 사냥을 떠난다.
난장이 똥자루 몸매에 긴 골프채를 업고 간다.
허기진 배를 움켜쥐고 매의 눈으로 먹이를 찾는다.
레이더망에 걸린 먹이가 유혹의 덫에 발목이 잡힌다.
오랜만에 실한 먹이를 앞에 두고 침샘이 터진다.
미각이 뛰어난 그녀의 요리법은 거칠고 빠르다.
단번에 털가죽 벗겨내고 뼈 사이의 살을 발라 먹는다.
부드러운 선홍빛 살점, 혀끝에 굴려 입안으로 밀어 넣는다.
맛을 음미하던 그녀가 뒤를 세차게 걷어차며 하는 말,
땡전 한 푼 없는 놈이 엉덩이만 탱탱한 숫놈이군.

스톤아일랜드

그는 사랑을 찾아 먼 곳으로 날아갈 수도 있는 새였다. 그가 푸르스름한 새벽을 밟고 물가에 나가 돌을 줍는다. 안개비 내리는 날에도 물안개 걷어내고 돌을 줍는다. 물이끼 닦고 씻어 말려 마당 한가운데에 돌무지를 만든다.

망치로 두드리고 정으로 다듬어 새가 되어 날아간 여인을 만든다. 돌을 쓰다듬다 가슴속에 묻어둔 기억을 물빛 위에 풀어 놓는다. 지우려고 애쓰던 얼굴이 수많은 물방울 되어 퍼지면서 흐른다. 검은 얼굴에 맺힌 땀방울을 닦으며 어깨를 두드리던 그의 과묵한 눈빛이 빠른 물길을 쫓는다.

그의 곁에 있던 코끼리만 한 새가 돌무지 위에서 엉덩방아를 찧는다. 까막딱따구리가 돌에 구멍을 뚫다말고 바닥에 뒹굴며 웃는다. 굳은살이 박인 거친 손 아랑곳 않고 그는 밤늦도록 망치질을 한다. 태어나는 천 개의 여인상이 웃으며 그와 평생 돌섬에서 산다.

몸속의 길

약국도 문을 닫은 일요일 오후.
꽃가루 풀풀거리는 환절기의 알레르기,
온몸이 가렵고 재채기에 콧물이 난다.
열이 나고 코 밑이 헐어 따갑고 아리고,
쏟아지는 콧물이 개천의 홍수다.
젖은 화장지가 산처럼 쌓인다.
엉겅퀴, 가시덤불, 숲이 온통 꽃가루다.
묵은 안약 두어 방울 눈 속에 떨어뜨린다.
신기하게도 재채기, 콧물이 멈춘다.
코와 입, 귀와 눈, 하나로 이어지는 길,
밖으로 가는 길, 세상으로 가는 길이,
몸속에서 시작된다는 아버지의 말씀이셨다.

비둘기

묵은 집터에 돌멩이를 고르고 텃밭을 만든다.
잡풀을 캐내고 거름을 섞어 이랑을 만든다.
밭 귀퉁이에 커다란 옻나무 두서너 그루,
가지로 빗살을 만들어 빛 가리개로 자란다.
옻나무 발치에 비둘기가 무리지어 내려앉는다.
저리 가, 멀리 쫓아내도 다시 돌아오는 비둘기 떼.
입으로 쪼아대고 발톱으로 파헤쳐 씨앗을 먹는다.
거름으로 묻은 썩은 음식물까지 남김없이 먹는다.

화가를 꿈꾸던 그녀

그녀의 정확한 소식을 아는 사람은 없었다.
재벌 이세와 결혼하여 이민을 갔다는,
심지어 병으로 죽었다는 풍문만 무성했다.
학창시절에 화가가 꿈이었던 그녀가 왔다.
술상 머리에 앉아 메모지에 그림을 그린다.
직선 위에 직선, 직선 아래에 직선,
직선들이 여백 없는 공간에서 비틀거린다.
만취한 동창들이 들여다보며 웃는다.
몇 장 그림을 창문에 가지런히 붙이며,
프랑스 유명한 화가의 그림과 똑같지.
아니, 내가 더 잘 그렸어. 우기는 그녀.
그녀의 입술을 따라 달빛이 가늘게 떨리면,
농을 하던 친구들 물기 어린 눈동자도 떨린다.

열대야

절정에 이른 폭염이 포르노 여배우처럼 몸을 달구네.
창문을 열면 사방에서 덤벼드는 개구리들의 통사정.
개골개골, 나를 받아줘 개골개골, 나 뜨거워.
성인사이트 홍등 내걸고 욕망이 물곰팡이로 증식하네.
알 수 없네. 몸속 어딘가의 통점에서 파도가 일렁이네.

틀

똑 같잖아, 개성이 없어 밋밋해.
중간이란 말은 하지 마, 이젠 너무 지쳐버렸어.
왔다갔다 중심이 없어, 곧 무너지겠다.
화재 대책이 없는 커다란 빌딩이 무너지면,
사람들이 다치겠지, 아주 위험해.

꽉 조인 레깅스야, 각선미가 좋은 여자들은 좋지만,
산모도 아니면서 뒤뚱거리는 오리는 어쩌란 말이야.
시시때때로 주책없이 부화하는 몽상들은 어쩌란 말이야.
들판에 풀어 둔 몽상의 새끼들은 또 어쩌란 말이야.
배부른 내 상상력이나 풍선처럼 하늘에 띄워 줘.
호박마차를 타고 조간신문의 한 페이지 속으로 들어갈래.

원기소 한 알

물거리 하던 뒷산 까마귀 우렁우렁 울었지.
이승의 끈 놓지 않으려고 앙상한 나뭇가지로
냉기 가득한 아랫목만 붙들고 계시던 아버지.
갈비뼈만 훤하게 드러내고 누워 계셨지.

머리맡에 원기소 몇 알 생명의 지푸라기였지.
모두 쏟아버리고 남은 마지막 원기소 한 알
쥐어주던 아버지의 손은 더 떨리고 있었는데,
그러거나 말거나 원기소 고소한 맛이 너무 좋았지.

양다리를 좋아하는 그

어이, 플레이보이, 너의 치명적인 약점은 홈런을 못 친다는 거야. 이 여자 저 여자 치마만 두르면 다 건드려 보고 싶니, 그러고 싶어. 돌아서면 똑 같은 짓, 종족보존의 차원이란 거창한 변명은 하지 마. 여러 여자들을 꾀려면 땀나겠어, 애꿎은 발바닥이 머슴살이 하네. 동안 피부 만든다고 냉국용 오이 다 썰어 붙이고, 팩을 붙이고, 유명 브랜드로 온통 도배를 하고, 콧바람 휘날리며 거리를 쓸고 있니. 건들거리지 마, 지나가던 사람이 넘어지고 전봇대가 쓰러지겠어. 너스레를 떨어도 아는 사람은 다 알거든, 공생하면서 돈을 그렇게 쓰나, 하긴 요즈음 여자들이 자기 돈 주고 만나려 하나, 다 꼼수가 있는 거지. 넓은 세상의 타짜들이라, 빠르게 돌아가겠군. 암, 정신없이 돌아가겠어. 세 번 이상은 같은 여자를 만나지 않는다는 너의 지론인지, 담론인지, 대단한 꼼수야. 꼼수의 꼼수는 빵이 풍년이야. 날마다 구름다리를 잡으면, 캄캄한 절벽 어디쯤에 걸려 박쥐나라 대왕이 형님 오셨다고 좋아할 거다.

그의 제국

그의 아내는 입만 열면 끝없이 총을 쏘아대는 전사이다. 소파에 뒹굴면서 티브를 보는 그를 들들 볶다가 분에 못 이기면, 싱크대 안에 숨겨둔 총을 꺼내 휴일 오후를 향해 겨눈다. 그녀가 총을 쏘기 시작하면 멈출 수가 없다. 퇴근 시간을 조금 지나 여덟 시에 돌아오면 애교로 한 방을 쏜다. 열 시가 넘으면 양 허리에 쌍권총을 차고 사정없이 연발을 날린다. 가구가 부서지고 전기밥솥이 찌그러지고 고래 싸움에 새우등 터진다. 폐품 가져가는 할머니가 운수 대통하는 날이다. 열두 시가 넘어서 뒤꿈치를 들고 거실을 지나다가 잡히는 날에는 며칠 동안 접전이 벌어진다. 쌍권총에 따발총까지 갈겨댄다. 귀신 잡는 해병대 출신인 그도 따발총 앞엔 하룻강아지, 에라 모르겠다. 이럴 떼에는 우선 피해야지. 손자병법을 생각한다. 친구 녀석을 불러 술 한 잔을 하고, 노래방에 가 청춘을 돌려다오를 부른다. 현관문을 걷어차고 고래고래 소리를 지르며 돌아와도 그치지 않는 따발총 세례, 침대에 누워 코골이 전차로 맞대응을 해보지만 역부족이다. 귀를 막아 장벽을 쌓아도 아침까지 갈겨대어 초토화 되는, 초토화시키는, 그의 제국.

배다릿집 아이들

오일장이 열리는 장터의 좁은 골목,
선술집을 지나, 다리 끝에 있는 배다릿집,
어린 남매가 행상을 나간 부모를 기다린다.
다리 난간에서 여동생과 소꿉놀이를 한다.
시든 잡풀 뽑아다 놓고 달고 맛난 꿀수박 사려.
둘이 먹다 하나 죽어도 모르는 꿀참외 사려.
누이가 흰 조약돌 몇 개를 머리에 이고 온다.
좋은 자리를 차지하려고 멱살을 잡고 실랑이 한다.
존댓말은 싹둑 잘라먹고 목이 터져라 쌍놈질 한다.
자리를 빼앗긴 오라비가 담배꽁초를 빠끔거린다.
밀짚모자를 눌러쓰고 바짓가랑이를 걷어 부친다.
제기랄 오늘도 헛짓 하네. 가래침을 탁 내뱉는다.

시월 막살이

그녀는 어린 딸과 함께 남편의 저승길을 전송한다.
장례식장이 떠나갈 듯 서럽게 울더니 실신이다.
어린 딸은 영문을 몰라 그녀의 치맛자락을 움켜쥔다.
과자봉지를 내던지고 새파랗게 질려 엄마를 부른다.
쌀 한 줌 입에 넣어준다. 노잣돈도 충분히 챙겨준다.
삼베도포를 잡아당기며 어떻게 살라고, 다시 통곡한다.
닫혀버린 냉동고에 머리를 들이밀며 같이 가자 야단이다.
그는 팔자 좋아 편히 쉬지만 우린 가시밭길이야,
그러니 다부지게 살아야 해, 그녀 육개장 국물까지 마신다.

대추나무

지난해 태풍으로 열매를 다 떨어트렸다.
초봄부터 가뭄이 들어 잎이 누렇게 돌돌 말린다.
애가 타는 과수원 주인은 아침저녁으로 물을 준다.
마른 땅에 뿌리를 내리지 못한 나무가 병이 들었다.
참다못한 과수원 주인이 막걸리 서너 병을 사들고 온다.
다 제 운명이지 어쩌겠어, 난들 어쩔 수 있나.
뼈 빠지게 일을 하고도 빚만 지는 세상 아닌가.
술이나 한 잔 하세 나무 옆에 퍼질러 앉아 주거니 받거니,
곯아떨어진 주인 대신 나무는 남은 술을 죄다 마셔버린다.
대추나무의 생기가 돌더니 잎이 파랗고 열매가 달린다.
주태백이 말술을 마시고 주인 얼굴을 환하게 밝혀준다.

이마트형

대중목욕탕에서 옷을 벗고 있는 뚱뚱한 옆모습,
기능성 란제리 자국으로 명치끝에서 허리까지,
허리에서 아랫배까지 볼록한 것이 이마트 로고이다.
다이어트를 시작한 날 카트를 밀고 쇼핑을 한다.
시금치, 양상추, 셀러리, 당근을 야채코너에서 담고,
딸기, 사과, 배가 쌓인 과일 코너를 지나서,
라면, 통조림, 유제품 시식코너를 한 바퀴 돌아,
등심, 목살, 삼겹살, 살이 춤추는 시식 코너로 간다.
병아리눈물, 쥐꼬리만큼의 시식으로는 채워지지 않는,
출렁이는 뱃살을 쥐고 떨어지지 않는 발길을 돌린다.
머릿속에서 닭다리가 날아다닌다. 꽃등심이 날아다닌다.
밖으로 나오니 채워지지 않은 순대가 입을 열고 있다.
이십사 시간, 삼백 육 십 오 일 켜있는 이마트 로고의 불빛.

잠자리

서울광장에 설치된 대형 멀티비전은 잠자리다.
휴일 저녁이면 가면을 쓴 사람들이 모여서 축제를 연다.
남루한 옷은 장롱 속에 깊숙이 숨겨두고 춤을 춘다.
의미 없는 이야기, 웃음 주고받으며 춤을 춘다.
어깨와 어깨를 맞대고 손과 손을 맞잡고 춤을 춘다.
최음제 가득한 병마개를 열고 춤을 춘다.
태울수록 더 뜨거워지는 열정을 토해내며 춤을 춘다.
눈동자의 물결이 출렁이면 내장의 어두운 벽이 환해진다.
잠자리눈이 촘촘하게 박힌 가슴에 가시 없는 등꽃이 핀다.
춤을 추던 사람들이 밀랍 인형이 되어 제자리로 간다.
공허한 광장 저 편, 북적대는 거리 익명의 사람들이 스쳐간다.
강렬한 색채의 도시적 이미지 정형화된 무명의 사람들,
공간의 한계 속에 회색빛 나무 되어 빌딩숲으로 사라지고,
삼백 육십도 눈동자를 굴리며 그들 속 너의 발자국을 쫓는다.

씨 없는 수박

돌군, 널 바라보고 있으면 나까지 돌아버리겠어. 아침저녁으로 두드려보면 탱탱한 소리는 야무지게 나는데, 문맥의 맥을 잡지 못하고 왜 그리도 의미파악을 못하니. 너의 맹맹한 머리에 빨간 뚜껑 덮인 샘표진간장 한 종지나, 장독 한 곳에서 대대로 내려온 씨간장을 조금만 타면 어떠니. 아니면 삼 년 묵은 새우액젓, 까나리액젓, 멸치액젓을 식후 삼십 분 후에 먹어봐, 쓰디 쓴 한약을 달려서 하루 두 번씩 먹어 보든지, 세끼 밥 먹는 시간만 또렷하게 생각나니 그런 거니, 여자는 생각하는 갈대라고 하잖아, 그런 말은 들어봤어. 안다고, 그럼 넌 여자가 아니라서 생각할 짬이 전혀 나지 않는 거야. 넌 도대체 천재이니 바보이니 도통 모르겠다. 바쁜 시간만 되면 증세가 더 심해지고 돌아서면 맹탕이야.

돌군, 돌아버리겠어. 입방아를 찧는데 사고를 치고 어정쩡한 웃음으로 땜질이야. 돌군, 돌아버리겠어. 억울하다는 그 얼굴은 뭐야. 벌레라도 씹었니. 돌군, 돌아버리겠어. 맹탕에 찍어 먹는 속없는 만두는 싫거든. 돌군, 돌아버리겠어. 머리

통을 쫙 가르면 검은 씨 아니, 흰 씨가 나오겠지. 돌군, 돌아버리겠어. 생이 걸린 밥줄이야. 정신 차리고, 돌군, 잘 부탁해.

북어

새벽에 고주망태로 돌아온 아들 녀석 때문에 북어를 찾는다. 도마 위에 놓고 두드리며 안방을 향해 욕설을 퍼붓는다. 장 밑에 있던 돈까지 찾아 계집질에 빠지고 도박에 말술을 퍼 먹고, 대가리는 왜 이렇게 단단해, 아무리 두르려도 꿈쩍도 하지 않네. 어린 새끼가 앓고 있어도 며칠이고 돌아올 생각도 하지 않더니, 고집을 어지간히 부려야지. 팔이 빠지겠어. 지가 별수 있어. 늙고 병들어 처자식이라고 찾아와서 오뉴월에 솜이불을 덮고, 주는 밥도 제대로 먹지 못하고, 구들장만 등지고 사는 저 화상, 북어의 희멀건 눈알이 힘없이 바닥으로 떨어져 구른다. 남편 복 없는 년은 자식 복도 없다고 하더니, 이 년의 팔자. 북어를 엎어놓고 뒤집어 놓고 박자를 맞추어 방망이질을 한다. 아들 방의 불이 꺼지고 안방의 불도 조용히 꺼진다.

봄

아기가 선잠에서 깨어 혼자 논다.
병에 물을 붓고 분유를 타 먹인다.
가족들이 주위에 빙 둘러 앉는다.
속이 거북한지 뿡, 소리가 난다.
제 방귀소리에 놀란 눈동자가 보름달이다.
집안 가득 웃음꽃이 향긋하다.

상린관계*

등을 지고 있는 이웃사촌, 발목을 잡고 장난 하지 마. 겨우 중심을 잡은 홍학의 가늘고 긴 다리를 마구 흔들어대면 어쩌니. 머리가 아프고 속이 답답해서 푸닥거리라도 해야겠어. 찬바람 불기 전에 겨우살이 떠났다가 다시 오는 행로를 기억해야 하고, 창공의 따스한 공기를 부리 속에 담아야 하고, 할 일이 태산인데 왜 이래, 이웃사촌. 너를 보면 복잡한 머리가 혼미해진다. 뜨개질 하다가 잠깐 냉수 먹고 돌아오니, 맹랑한 치와와 녀석이 마구 헝클어 놓은 실타래 같아, 망치소리 들리지. 이웃사촌, 이러다가 네 발목도 잡히면 어쩔래, 그래도 웃을 수 있니. 나락으로 함께 가자고, 네가 치마를 뒤집어쓴 채 왜장을 안고 낙화암으로 떨어진 논개니. 착각은 자유지만 명분이 없다. 순수의 극치를 달리고 있는 마음속을 왜 이리 쑤시며 따라다니니. 내가 화려한 아이돌 스타도 아니고 얄팍한 정치인도 아니고, 금 긋고 말뚝 박고 다른 홍학이 어부지리로 횡재하겠어. 너의 치사함이 스포츠카의 속력으로 달려, 속도위반이야. 미인이 꽁무니를 따라다닌다고 황태자가 된 줄 아니, 너의 권리만 최고니. 백, 백, 너의 백을 만드는 악어도 아프리카 공원에서만 산다. 그러니까 뻣뻣한 백도 별 볼일 없다는 뜻이지. 선글라스 좀 벗어라. 맑게 보이는 안경은 남대문시장에 가도 수두룩한데. 굳이 명품 점에서 사니. 네 등 뒤에 몰래카메라가 쑥쑥 자란다. 코뿔소의 뿔도 자란다. 사실이야. 사실이란 중요해. 사실을 사실로 받아들이지 않는. 작자들이 간혹 있지만. 그래도 사실은 매우 중요해. 난 너와 친구가 되고 싶어.

* 서로 이웃한 각 부동산의 소유자나 이용자 상호 간의 권리관계.

곰인형 전시장

자동차 박물관 입구 갈색바바리를 입고 줄무늬 스카프를 두르고 검은 선글라스를 낀 곰인형이 빨간 스포츠카 운전석에 앉아 손을 흔든다. 안내 곰인형을 따라가는 길, 들어가지 마시오란 푯말 뒤 활짝 핀 풍선꽃들이 트럼펫을 불며 축제를 알린다. 은빛 털을 가진 곰인형 카레이싱 모델이 눈을 반짝이며 소장된 자동차들을 시대, 브랜드, 독자적인 디자인, 오래 사랑 받는 이유, 인기순위로 설명하고 역사를 알려준다.

그녀도 검은 가죽잠바를 입고 검은 선글라스를 끼고 크림색 스포츠카를 타고 구경을 한다. 앞에 가는 곰인형이 중절모를 고쳐 쓰며 치마를 입은 곰인형과 대화를 한다. 설명서를 읽던 곰인형이 스마트폰을 꺼내서 정보를 확인하며 비교한다. 천 구백삼 년형 쉐보레를 탄 곰인형이 황금반지를 낀 손으로 악어의 꼬리를 쓰다듬는다. 힐만 스트레이트 팔의 목재 자동차 앞에서 사진을 찍으려는 곰인형들이 줄을 선다.

커다란 원판 위에 붙은 의자에 앉아 빙빙 돌던 불곰인형이

계약서에 서명을 하고 많은 곰인형들의 부러운 시선을 받으며 풍선꽃 속으로 사라진다. 자동차들은 오래되어 빛나고 곳곳에 조명이 설치된 천장에는 별이 눈부시게 빛난다. 전시장 안의 곰인형들이 하나 둘 작은곰자리, 큰곰자리, 각자 배치된 자리로 이동을 한다. 기억하지 못하는 곳으로 귀향을 꿈꾸는 곰인형들은 은하수가 되어 흐른다. 영원히 빛나고픈 그녀도 큰곰자리로 올라가 푸른 밤하늘에 전시된다.

목탄난로

그녀는 바베큐장 한 가운데 반나체로 서 있다.
주말이면 왁자한 공간, 젖무덤 위의 분홍빛 젖꼭지.
오목한 가슴 안에 호박고구마 몇 개가 수줍게 안긴다.
마른 장작이 타닥거리며 그녀의 가슴에 불을 지른다.
달아오른 그녀의 몸에서 잣나무 향이 베어 나온다.
고구마가 익어가는 달콤한 냄새는 암내처럼 퍼진다.
양손에 목장갑을 낀 사내가 젖꼭지를 잡아당긴다.
벽에 걸린 환풍기가 뜨거운 열기를 하늘로 뽑아낸다.
밤하늘에 핀 별꽃, 별무리가 코를 가까이 댄다.
지나가던 먹구름 한 점, 두 점, 꽃잎으로 녹아내린다.

| 제4부 |

굼벵이

수평투영면적

바닥 면적까지 훤히 보일 수밖에 없는 나,
뜨거운 나, 물컹한 나, 딱딱한 나, 투명한 나,
겨울바람이 투명인간처럼 금을 긋고 지나간다.
상처는 보이지 않는데, 잘 정제된 아픔의 무덤들,
피라미드 속 황금관의 주인인 파라오의 무덤,
오랜 세월 부패하지 않은 사랑이 미라로 살아있다.
황금가면 속 부드러운 눈빛은 그대의 그대를 마주 보고,
열두 개의 기둥에 새겨진 의미들을 새로이 만들어간다.
벽화 속 상형문자들은 투명한 결정체로 반짝인다.
빛의 방향에 따라 조화롭게 배치된 면적의 합.
네 귀를 접었다가 펴도 잘 맞아 떨어지는 면적의 합.
한 여자의 사랑이 유물로 남을 수 있는 면적의 합.
영원히 사라지지 않는 길, 전설 속 파라오가 되어,
마음의 문 찾아 아득한 시간 정숙한 걸음으로 걸어간다.

야동파티

그녀는 신이 난다. 그녀의 입이 신이 난다. 나이를 먹으면 입만 살아있다는 말은 정설이다. 저녁밥을 먹고 곧바로 참새 방앗간으로 간다. 동네아줌마들의 드라마 이야기를 중단시키고 귀신 씻나락 까먹는 소리로 원초적 본능에 아무도 모르는 은유를 만들어 시대의 속담을 만들어 간다. 세상의 모든 길은 로마로 통한다. 인간의 모든 욕구는 이불 속으로 통한다. 한 번 열린 입은 갈수록 걸쭉해지고, 야해지고, 깊어진다. 알아듣지 못하는 새댁은 웃고, 알아들은 새댁은 얼굴을 붉힌다. 웃고 떠들고 맞장구를 치고 박자가 척척 맞아 떨어진다. 하루에 몇 번씩 달아나는 배꼽을 찾아 야단법석이다. 물 오른 그녀의 입이 긴 겨울밤 오동통하게 살이 오른다.

아름다운 사람들

깃대봉길에 사는 친구가 황토찜질방을 만들었다. 친구들과 오징어 땅콩을 먹으며 춘천고속도로를 달린다. 아궁이에 솔 장작을 넣던 친구가 반갑게 맞이한다. 오디 원액을 손에 쥔 낯선 얼굴들이 아랫목에 놓인 인진쑥자루만 바라본다. 물을 한 바가지 부은 구들장에서 황토냄새가 코를 찌른다. 남자들이 개구리를 잡아 왔다. 바짓가랑이에 개울을 온통 뒤집어 달고 들어왔다. 쌀밥에 김장배추김치를 먹고, 남자들은 막걸리와 개구리찜을 먹는다. 양은냄비에 찐 찜개구리들이 갑자기 냄비 속을 튀어나와 앞마당으로 사라진다. 도망간 놈이 연못가 돌다리에 다리 걸치고 앉아 무용담을 늘어놓는다. 죽다가 살아난 이야기를 몰래 듣다가, 소가 된 내 목줄을 끌고 다니는 개구리들을 상상하다가, 소스라치게 놀란다. 군고구마를 열무김치에 감아 먹던 남자들이 농을 시작한다. 조금 전 연못가에 수억 마리의 알을 낳았더니 아랫도리가 허전하고 시리다 한다. 해산풀이 좀 해야지. 뜨거운 곳을 비집고 앉는다. 한바탕 웃음보가 터진다. 정 많은 해산 찜질방, 올록볼록한 개구리알 쿠션에 기대면, 결리고 아픈 마디마디 풀어지는 소리가 들린다. 윤삼월 개구리 울음소리처럼 정겹다.

그 여자와 그 남자

백제의 화장터에서 한 여자가 소리치며 운다.
나쁜 놈, 내 인생을 다 망쳐놓고 이렇게 가다니,
이럴 수는 없어, 바닥에 주저앉아 가슴을 친다.
비에 젖어 축축한 관이 운구차에서 내려온다.
여자가 관을 잡아당기며 놓아주지 않는다.
관을 옮기던 사람들의 발길이 잠시 멈춘다.
여자가 화로로 가는 관을 끝내 놓친다.
인생은 짧아라, 인생은 짧아라. 마른 눈물이다.

며칠 동안 도박을 하고 새벽술에 취해서 운전을 하다가 터널 입구에 부딪쳐 사망했다는 남자의 못 다한 사랑과 평생 말 못한 미안함이 맹렬하게 타오른다. 남자의 울음과 웃음이 연기로 변해 사라지고, 재로 남은 남자의 심장이 메케하다.

夕景

중년의 그가 이른 시간에 출근 준비를 한다.
샤워를 한 뒤 스킨, 로션을 바르고 머리를 말린다.
셔츠를 입고 타이를 매고 현관문을 나가다가 멈춘다.
머리를 긁적거리며 한참동안 생각에 빠진다.
그래도 여의치 않은지 그 자리에 서서 뱅뱅 돈다.
겉옷을 하나씩 들추어보다가 이내 속옷을 찾아 입는다.
마침내 참지 못하고 큰 소리가 나도록 웃는다.
배꼽이 빠지게 웃는다. 눈물이 나도록 웃는다.

그녀의 은행나무, 구름과자

은행나무집 그녀는 주름진 얼굴에 고깔모자를 쓰고,
매일 놀이터 은행나무 밑에 앉아서 담배를 피운다.
아이들에게 어이, 담배 한 대씩 꼬실러볼까 말을 건넨다.
노루가죽주머니에서 담배와 라이터를 꺼내 불을 붙인다.
콧구멍에서 나온 연기는 기적을 울리며 하늘을 달린다.
미끄럼틀을 타던 준서와 아이들은 은행나무 열매가된다.
은행의 냄새나는 가스는 증기기관차의 목탄이 되고,
연기 속의 그녀와 은행나무는 뭉개구름이 되어 떠오른다.
놀란 사람들이 그녀를 잡으려다 놓치고 은행나무에 걸린다.
그녀가 기르던 집고양이 나비도 은행나무 뿌리에 매달린다.
애완용 강아지 나타샤가 밥을 먹다가 나비의 꼬리를 잡는다.
붉은 지붕들이 게딱지가 되어 언덕 위로 기어오른다.
점점 작아지는 백육십삼 번지는 까만 점으로 땅에 박힌다.
동물과 사물이 되어 놀다가 그만 사람들이 거꾸로 떨어진다.
푸른 물고기를 쫓던 집고양이 나비가 나타샤의 꼬리..
준서와 아이들을 낮달 위에 걸어 두고 집으로 돌아온다.

피리 부는 여자

그녀는 밥을 먹으면 쌍바위골에서 피리 연습을 한다.
아무리 불어도 오토바이 시동 걸리다가 꺼지는 소리가 난다.
기가 빠지고 맥이 빠진다. 답답하고 화가 난다.
마음을 추스르고 폭포수 아래로 가 다시 맹연습이다.
강도를 높일수록 피리 소리는 색소폰 소리가 된다.
한 걸음 나갈 때마다 도레미파솔 한 옥타브씩 올라간다.
폭포수가 세차게 떨어질 때를 맞추어 사력을 다해 뿡-,
그녀는 쌍바위골을 뒤흔드는 진동에 오르가즘을 느낀다.

갈잎

누군가 새우깡을 먹고 있다.
떡갈나무 밑에서 바스락 바스락,
굴참나무 밑에서 바스락 바스락,
똘배나무 밑에서 바스락 바스락,
은사시나무 밑에서 바스락 바스락,
신명이 난 겨울가뭄이 온종일 새우깡을 튀긴다.

굼벵이

굼벵이 한 마리가 평상 위에서 꿈틀거린다.
하루 종일 구르고 기어도 도무지 진도가 없다.
해질 무렵이 되어서야 겨우 평상 끝에 와서는
천 길 바닥으로 무참하게 떨어진다.

개구쟁이 새발자전거 바퀴에 깔릴 뻔한다.
굶주린 똥개 입속으로 빨려 들어갈 뻔한다.
커다란 운동화 밑바닥에 깔릴 뻔한다.
돌멩이를 넘어가다가 허리가 부러질 뻔한다.
작은 나뭇가지를 만나 외줄타기도 해본다.

천신마고 끝에 만난 밤톨 하나
제 구멍인 듯 들어가니 밤이 온다.

하모니카

여름 한낮 길가에서 옥수수를 파는 부부
잘 익은 옥수수 몇 개씩 봉지에 담아 쌓아두지만,
지나가는 차도 보이지 않고 사람도 없다.

옥수수 껍질 치우던 남편이 소리를 지른다.
오늘도 자리 잘못 잡았어, 그만 돌아가자.
솥뚜껑을 닫던 아내가 쏘아 부친다.
불난 속에 염장 지르나, 아이고 저 화상.

김이 모락모락 새어나오는 솥단지 열어젖히더니
부부가 옥수수를 모두 꺼내어 먹기 시작한다.
잘 익은 옥수수 뱅뱅 돌려가며 하모니카를 분다.
엄마가 섬 그늘에-,
옥수수 팔다가 바람이 들려주는 슬픈 노래 맞추어
하모니카를 분다. 배가 터지도록 하모니카를 분다.

어느새 어둠이 부부의 하모니카를 먹고 있다.

옥수수를 파는 그녀

그 여자 무더운 길가에서 옥수수를 판다.
옥수수는 솥에서 끓고 여자는 간이의자에 앉아서 존다.
신호가 바뀌면 옥수수봉지 들고 차도로 뛰어든다.
차창을 두드리며 손가락 세 개를 세운다. 웃는다.
갑자기 소나기가 내린다. 마른하늘에 날벼락이다.

잔뜩 불어터진 종아리를 수레에 매달고 간다.
검은 승용차 한 대 달려온다.
갓길 없는 다리 난간 쪽으로 바싹 다가선다.
일회용 비옷은 벌써 찢긴 채 펄럭인다.
흙탕물을 뒤집어 쓴 여자가 하늘을 바라본다.

젖은 수레에서 쉰 옥수수가 쏟아져 내린다.

돌멩이

허공에서 돌멩이가 자란다.
삶을 지그시 누르고 있다.
그 돌멩이 자라서 바위가 된다.
이것이 세상사는 법이라고,
시간이 지날수록 더 무거워지면서
머리 꼭대기에 내려앉는다.

바다에 지는 별

간밤 그리도 빛나던 영흥도 불빛이 꺼진다.
송전탑이 무거운 눈꺼풀을 들어 올린다.
뭍과 섬의 가운데로 서서히 밀려드는 물,
거침없이 차오르는 물을 묵묵히 쳐다본다.
느슨해진 전기 줄을 팽팽하게 잡아당겨 본다.
아무리 용을 써도 영흥도는 더 멀어지고
아침은 아무 것도 모르는 척 성큼성큼 오고 있다.

백합꽃

칫솔질을 할 때마다 꽃이 피어난다.
거울 속에도 하얀 꽃이 피어난다.
입속에 핀 백합 한 다발의 향기,
지친 하루의 피로회복제이다.

시계

그와 나란히 누워 잠을 잔다.
한밤 허리가 아파서 일어난다.
뻐근한 허리 부여잡고 그를 바라본다.
그의 발이 나의 다리를 돌리고 있다.
뱅뱅 돌다가 반대편에서 쉬고 있다.
아무래도 내가 분침인가 싶다.
시침인 그를 향해 부지런히 돌고 있다.

꿈속의 아버지

황토밭 양쪽으로 커다란 나무들이 줄지어 서 있다.
토질 좋은 곳을 골라 주먹만 한 똥덩어리를 심는다.
갑자기 땅 주인이 나타나 삿대질을 한다.
망연자실하다가 똥덩어리를 들고 집으로 온다.
대문 옆에 심으려고 흙을 고르는데 돌아가신 아버지,
어느새 오시어 내 손 붙잡으신다. 좋은 땅을 알려주마.
환하게 웃으시더니 똥 한 덩어리를 입에 넣으신다.
똥덩어리가 금방 달콤한 알사탕으로 변해버린다.
아버지가 맛나게 드시며 더 환하게 웃으신다.

눈 사진

눈 내린 세상의 아침은 온통 인화지 속이다.

임종을 앞둔 소꿉친구에게서 전화가 왔다.
아련한 기억들이 눈을 털고 일어난다.
병실 앞에 서자 손끝이 떨리고 심장이 콩닥거린다.

링거를 맞고 있는 친구의 야윈 팔 쥐고 창밖을 본다.
함박눈이 내리는 횡단보도를 건너는 사람들 사이로,
어깨동무를 한 두 꼬마가 재잘거리며 걸어온다.

눈 쌓인 언덕에서 양팔 벌리고 누우면 자동인 눈 사진.
같이 울고 웃던 예쁘고 행복한 친구의 모습만 골라서,
마음의 액자 속에 넣어 침대 위에 걸어둔다.

고독

나는 너의 마음속 책상 위에 놓인 못난이 인형이다.
검은 피부에 버드렁니를 드러내고 웃는 못난이 인형.
멜빵청바지 끈 한 쪽을 늘어뜨리고 웃는 못난이 인형.
들쑥날쑥 자른 단발머리에 팔짱을 끼고 있는 못난이 인형.
엄마를 졸라 학교 앞 문방구에서 사온 못난이 인형.
아무도 없는 방에서 혼자 우두커니 서있는 못난이 인형.
무심한 세월 속에 너는 날마다 나를 지우고
어둠 속 바람의 집에서 외로운 장례식을 날마다 치른다.
어떤 날은 다비식을 치르고, 어떤 날은 얼음장을 치르고,
어떤 날은 콘크리트 빌딩 위에 성스러운 무덤을 만든다.
어둠의 강으로 침전하는 감각의 손가락을 태운다.
해탈한 스님처럼 마른장작불에 화려했던 날들을 태운다.
자꾸 되살아나는 넌 군중 속에 섬을 만들고 등대를 만든다.
무의미한 의미들이 춤추는 섬에는 억새꽃이 피고진다.
시멘트 꽃가루가 풀풀 날리는 돌덩어리를 안고, 모과나무
무성한 회색빛 안고, 사랑을 하는 나는 징그러운 뱀이야.
버겁게 차오르는 나른함과 몸속 울림통만 한없이 커가는

징그러운 뱀,

차가운 너의 몸에 똬리를 틀고 뜨거운 입김을 토해낸다.

스트레스를 받은 타조

당신은 예고 없이 왔다. 놀라지 말라고 말은 했지만,
충격을 받은 마음엔 황량한 들판이 들어서고 있다.
수 십 년을 살아온 곳의 나무를 송두리 채 뽑고 있다.
나무가 뽑힌 자리엔 수인으로 산, 바람의 지문이 남아있다.
형형할 수 없는 아픔이 실금으로 찬 마디마디에 스며있다.
마른 흙덩어리는 황사바람이 되어 눈물샘을 파며 산다.

사랑은 솜사탕, 때론 무사탕

검둥이 한 마리가 잔디밭에 영역 표시를 한다.
물을 주고 잡풀을 뽑고 가꾸어 놓은 잔디밭을 망쳐놓는다.
비가 오나, 눈이 오나 하루도 거르지 않고 같은 짓을 한다.
이제는 사람의 눈치를 살살 보며 영역을 확장한다.
약이 바싹 오른 그가 검둥이를 보며 냅다 소리를 지른다.
이놈의 개새끼 시도 때도 없이 귀찮게 해, 헛다리 짚었어.
나나는 불임 수술을 해서 암캐 축에도 못 든단 말이야.

어머니의 짐이 이사하는 날

어머니가 없는 집에서 어머니의 짐을 정리한다.
도자기에 그려진 달마도사가 눈을 부릅뜨고 본다.
안방을 차지하고 있는 열 두 폭 병풍 아래의 옥매트,
주인을 잃은 강아지가 꼼짝도 하지 않고 있다.
어머니의 곁에서 덜덜거리던 안마기가 굴러다니고,
베란다와 건너 방엔 포장된 박스가 산처럼 쌓여있다.
냉장고는 다 먹지 못한 밑반찬, 고추장, 된장,
홍삼, 녹용, 신비한 생약으로 가득 차 있다.
관절염에 좋다는 신발부터 암도 치료할 수 있다는 생수,
그래 어머니는 날마다 외로운 나날을 모아 사막 한 가운데,
불가사한 피라미드를 짓고 계셨다.
내게 줄 물병을 이고 캄캄한 사막을 걸었을 어머니,
산수화 속의 깊은 골짜기를 따라 해안에 닿으면,
보물 지도 속 목선이 어머니를 기다리고 있었다.
목선은 시간의 부산물을 토해내며 사막으로 간다.
가장 번영했던 피라미드를 찾아 항해를 시작했다.
큰 물병자리 별똥별이 반짝이며 아래로 떨어진다.

폭설

쓸어내고 돌아서면 또 내리는 눈은 굶주린 호랑이다.
먹이를 찾아 뒷산을 헤매던 호랑이가 담을 넘어온다.
송곳니 드러내고 으르렁거리며 불빛을 뚝뚝 떨어트린다.
창고에서 염화칼슘을 꺼내 길 위에 뿌리며 달아난다.
싸리비를 들고 써레를 들고 내리막길을 굴러간다.
땀이 몸을 적시고 두터운 점퍼를 적시고 운동화를 적신다.
쩍쩍 갈라지는 얼음 위에 미끄러지고 엉덩방아를 찧는다.
진공청소기 같은 호랑이 입속으로 빨려 들어간다.
주차장에 세워진 차량들도 구겨진 채로 빨려 들어간다.
흔들거리던 그네도 벌거숭이 나무들도 빨려 들어간다.
마을회관으로 들어가던 사람들도 모두 빨려 들어간다.
시원한 바람을 만들어주던 느티나무도 빨려 들어간다.
세상이 호랑이의 커다란 입속으로 하얗게 빨려 들어간다.

|해설|

어둠을 사랑한 아름다운 뱀

— 천선자의 시세계

권경아 | 문학평론가

1.

천선자의 첫 시집 『도시의 원숭이』는 현대 사회를 살아가는 인간들의 삶과 비애를 세밀하게 그려내고 있다. 현대의 삶은 언제나 같은 형식으로 살아가기를 강요한다. "개성이 없"이 밋밋하게 엇비슷한 삶, 틀에 박힌 삶만을 요구하는 것이다. 그러나 "시시때때로 주책없이 부화하는 몽상"(「틀」)을 지닌 시인은 이러한 삶을 거부한다. 이 시집에는 현대의 삶 속에서 그들의 틀이 아닌 시인의 방식으로 바라보는 세상이 담겨있다. 시인이 바라보는 삶은 냉기와 고통으로 가득하다. 그러나 이러한 세상을 살아가는 힘은 삶 너머에 있는 것이 아닌 삶 내부에 살아 숨쉬고 있다는 것. 시인은 "시멘트 꽃가루 풀풀 날리는", "회색빛 돌덩어리" 세상을 끌어안고 사랑을 하는 "징그러운 뱀"(「고독」)이 된다. 이 뱀의 '둥근 몸'이 바로 삶의 시작이라는 것. 이 시집은 어둠을 사랑한 아름다운 뱀의 이야기라 할 수 있다.

2.

폐교로 만든 곤충박물관 긴 복도를 따라 놓인 유리 상자 안에 집을 짓고 있는 왕거미, 교미를 끝내고 수놈을 잡아먹는 암사마귀, 먹이를 먹는 장수하늘소, 딱정벌레, 광대노린재를 지나, 여러 나라의 나비와 나방이 전시된 이학년 오반 교실로 들어간다. 지중해 바닷빛의 날개를 가진 열대우림에 사는 모르포나비 뒤의 나방, 뒷목덜미에 그려진 원숭이의 얼굴, 뚫어져라 쳐다보는 우수에 젖은 눈빛, 축 쳐진 어깨, 낯익은 얼굴은 거울 속 나의 얼굴, 밤마다 깡술로 비굴함을 삼키고, 도둑고양이 걸음으로 걷는 도시 뒤에 몸을 숨긴 탈을 쓴 원숭이, 달콤한 맛에 맛들이고 안락한 생활에 길들여진 원숭이, 눈물이 없는 원숭이, 생의 부패한 조각들을 파먹어도 채워지지 않는 뱃가죽을 허리춤에 차고, 우리 속에서 내장도 쓸개도 빼주고 사는 원숭이, 아름다운 도시의 원숭이.

—「탈박각시나방, 도시의 원숭이」 전문

이 시는 현대인의 비애를 그려내고 있다. 폐교로 만든 곤충 박물관 긴 복도를 따라가며 유리 상자가 놓여 있다. 왕거미, 암사마귀, 장수하늘소, 딱정벌레, 광대노린재, 그리고 나비와 나방. 지중해 바닷빛의 날개를 가졌다는 모르포 나비. 세상에서 가장 아름다운 나비로 손꼽힐 정도로 푸른빛이 아름다운 나비. 그러나 그 나비 뒤에 나방이 있다. 나비와 비슷하지만 왠지 무척이나 다르게 다가오는 나방의 존재감. 등쪽에 원숭이 얼굴을 닮은 무늬가 섬뜩한 나방을 보며 시인은 자신을 떠올린다. "밤마다 깡술로 비굴함을 삼키고, 도둑고양이 걸음으로 걷는 도시 뒤에 몸을 숨긴 탈을 쓴 원숭이", "달콤한 맛에 맛들이고 안락한 생활에 길들여진 원숭이", "생의 부패한 조각들을 파먹어도 채워지지 않는 뱃가죽을 허리춤에 차고, 우리 속에서 내장도 쓸개도 빼주고 사는 원숭이". 이 도시 속을 살아가는 원숭이는 다름아닌 시인 자신이었던 것이다. 아름다운 모르포 나비와 탈박각시나방을 바라보며 시인은 현대를 살아가는 현대인의 비애를 그려내고 있다. 현대인의 삶을 쓸쓸하게 바라보고 있는 시각은 다음의 시에도 나타난다.

분리수거하는 날 사각통 속으로 던져지나봐. 흙탕물이 튄 구겨진 신문처럼 낡은 자존심을 내려놓았더니 주린 배를 채우려는 어둠이 입을 달싹거리고, 토끼를 잡아먹고 있는 고요의 등 뒤에서 외로움이 웅크리고 있나봐.

비가 오나 봐. 아무 것도 보이지 않아 갖가지 생각들이 보푸라기처럼 일어나는 비좁은 공간 속에서는 기억의 철길 위를 걸어가는 소멸의 시간들이 곰팡이로 증식하나 봐. 옷깃의 습기를 먹고 있는 하마의 눈에 맺힌 눈물을 보고, 폴라티의 목젖이 길어지나 봐. 남은 신발 한 짝은 그리움을 담고 사나 봐. 긴 목도리를 감고 있는 구멍 뚫린 양말은 휑한 가슴 속에 바람을 쟁이며 사나 봐. 비가 오나 봐.

재활용 수거하는 날, 경적소리 요란한 트럭 안에서 가만히 귀를 기울여 봐. 아이들의 목소리가 들려오나 봐. 재잘거리는 소리, 웃음소리를 굴려서 공놀이를 하나 봐. 빗장을 열고 문이 열리나 봐. 구름꽃이 피어나나 봐. 몽실한 아기양이 콧노래를 부르며 엄마 양을 찾아가나 봐. 소소리바람 부는 초원에 양떼들이 풀을 뜯어 먹고 있나 봐. 공글러서 가벼워진 몸이 하늘을 날아오르고 있나 봐.

—「양털잠바의 꿈」 전문

이 시에서는 현대인의 비애가 양털잠바를 통해 그려지고 있다. 분리수거하는 날 던져진 낡은 양털잠바. 쓸모가 없어 이제는 버려진 낡은 옷들. 목이 늘어난 폴라티와 구멍 뚫린 양말, 그리고 신발 한 짝은 그리움을 가슴에 담고 휑한 가슴엔 바람만 일고 있다. 소용가치에 의해 운명이 결정되는 현대 사회 속에서 이들은 버려질 수 밖에 없다. 그러나 이러한 양털잠바에게도 꿈이 있다. 소소리 바람 부는 초원에 양 떼들 속에서 풀을 뜯어 먹던 그 시절로 돌아가는 꿈. 재활용 수거함의 빗장이 열리는 순간 양털잠바는 가벼워진 몸으로 하늘을 날아오르는 꿈을 꾼다. 이 시는 소용가치에 의해 선택되고 버려지는 인간의 삶을 평범한 일상을 통해 그대로 보여주고 있다.

허공에서 돌멩이가 자란다.
삶을 지그시 누르고 있다.
그 돌멩이 자라서 바위가 된다.
이것이 세상 사는 법이라고,
시간이 지날수록 더 무거워지면서
머리 꼭대기에 내려앉는다.

—「돌멩이」 전문

시인이 경험하는 삶은 무겁고 무거운 바위와 같다. 허공에서 자란 돌멩이는 자라서 바위가 되고 그 바위는 "삶을 지그시 누르고 있다". 시간이 지날수록 더 무거워지면서 머리에 내려앉아 우리를 짓누르고 있는 삶. 시인은 이러한 삶의 무게에 지치고 상처받는 인간들을 바라보고 있다. "새벽에 고주망태로 돌아온"(「북어」) 망나니 아들 녀석 때문에 북어를 두드리고 있는 그녀. 지하방 전세보증금을 주식으로 날리고 몇 해째 알코올 중독으로 살아가는 아버지와 동화 속 유리구두를 찾아 집을 나간 여동생, 그 모습을 지켜볼 수 밖에 없는 노모.(「외투 끝에 묻은 햇살」) 이 시집에는 이렇듯 삶의 무게에 눌려 가족이 해체되는 모습이 곳곳에서 그려지고 있다. 시인은 그들의 모습을 담담하게 바라보고 있다. 그러나 이러한 시인의 시선 속에는 인간의 사랑에 대한 믿음이 깊숙하게 자리하고 있다. 힘들고 고통스러운 삶일지라도 인간들 사이에는 사랑이 존재함을, 또한 함께 살아가는 것 자체로 충분히 아름다울 수 있다는 믿음이 있음을 주목해야 한다.

3.

네 속에는 차디찬 피가 흐르고 있어.
내 안에 흐르는 강조차 얼어붙게 해.
매끄러운 벽 속에 시린 가슴이 멍울멍울 열리네.
살얼음 조각들이 걸음마다 발끝을 아리게 해.
고뇌의 꼬리가 꼬리를 물며 심장을 아리게 해.

빙벽과 맞닿으면 비로소 강은 온기가 돌고 숨을 쉬지.
곰삭은 고통의 해일이 어둠 속에 투명한 길을 내네.
바위틈에 매달린 이끼는 푸릇푸릇한 아픔이지.
복잡하지도 않고, 그렇다고 단순하지도 않은,
한 번도 본 적이 없는 올곧은 오월의 길이지.
길 끝에 오니 강의 늑골에도 한 떨기 꽃이 피네.

—「먼 길이었어」 전문

이 시에서는 "차디찬 피가 흐르"는 '너'로 인해 '나'의 심장이 아리게 아프다. "매끄러운 벽 속에 시린 가슴이 멍울멍울 열리"고 "살얼음 조각들이 걸음마다 발끝을 아리게" 하고 있다. "고뇌의 꼬리가 꼬리를 물며" 결국 심장을 아리게 하고 있는 것이다. 그러나 이러한 빙벽도 서로 맞닿으면 "비로소 강은 온기가 돌고 숨을" 쉬게 된다. "곰삭은 고통의 해일"마저도 "어둠 속에 투명한 길을" 내고 있는 것이다. 냉기와 고통도 함께 한다는 것만으로도 온기가 된다는 것. 길 고통의 끝에서 "한 떨기 꽃이 피"어나는 것은 이러한 맥락에 있다. 시인은 빙벽이 맞닿아 만들어내는 '온기'에서 꽃이 피어난다고 말하고 있다. 고통의 삶에서도 그들이 함께 한다면 "투명한 길"이 열리고 그 길 끝에는 오월의 꽃이 피어난다는 것을 시인은 믿고 있는 것이다.

미움도 둥글려보면 모나지 않는다. 저기 좀 봐. 미움을 먹고 잘 자란 내 키가 담장을 넘고 있잖아. 둥근 세상 밖. 둥근 비행접시를 타고, 둥근 꿈속에서 본 둥근 별을 찾아서 둥글게 떠나. 둥근 달을 좀 봐, 둥근 토끼가 둥근 쪽문을 열어 둥근 머리를 내밀고 둥글게 반기네. 둥근 웃음이야. 수많은 둥근 별을 지나 둥근 우주정거장에 둥글게 착륙해. 둥근 세발자전거를 타던 둥근 귀를 가진 아이들이 둥근 무지개나무를 심어. 벌써 둥근 열매가 익어. 어른들의 둥근 마음을 찾아주려고 둥근 어린왕자를 데리고 둥근 지구로 돌아와. 둥근 놀이동산에서 둥근 회전목마를 타고, 둥근 컵을 타고, 둥근 축구를 하다 둥근 농구를 해. 종일 둥글게 노는 아이들의 둥근 눈동자가 둥근 나무에 열리는 둥근 지구의 한 가운데, 둥근 자동차들이 둥근 얼굴의 사람들을 태우고, 둥근 광장을 돌아오잖아. 둥근 빌딩의 둥근 창문을 열고, 둥근 웃음을 지으며 둥글게 몸을 말아 가슴이 따스한 사람들 속의 나.

— 「둥글려보면」 전문

함께 살아간다는 것은 몸과 마음을 "둥글려"보는 것이라 할 수 있다. "미움도 둥글려보면 모나지 않는다". 미움이 커진다 해도 몸과 마음을 둥글려보면 모난 세상이 둥글게 변한다. 둥글게 세상을 바라보면 모든 것은 둥글다. '둥근 꿈속, 둥근 별, 둥근 달, 둥근 토끼, 둥근 머리' 그리고 "둥근 웃음"

이 우리를 반긴다. "둥근 귀를 가진 아이들이 둥근 무지개나무를 심"고 "둥근 열매"가 익어가며 어른들에게 "둥근 마음"을 찾아주는 것이다. 이렇게 둥근 얼굴의 사람들 속에 있다보면 어느새 "둥근 웃음을 지으며 둥글게 몸을 말아 가슴이 따스한 사람들 속의 나"를 발견하게 되는 것이다.

함께 살아가는 모습이 그 자체로 아름다움이라는 시인의 시선은 다음의 시에서 그대로 드러난다.

> 깃대봉길에 사는 친구가 황토찜질방을 만들었다. 친구들과 오징어 땅콩을 먹으며 춘천고속도로를 달린다. 아궁이에 솔장작을 넣던 친구가 반갑게 맞이한다. 오디 원액을 손에 쥔 낯선 얼굴들이 아랫목에 놓인 인진쑥자루만 바라본다. 물을 한 바가지 부은 구들장에서 황토냄새가 코를 찌른다. 남자들이 개구리를 잡아 왔다. 바짓가랑이에 개울을 온통 뒤집어 달고 들어왔다. 쌀밥에 김장배추김치를 먹고, 남자들은 막걸리와 개구리찜을 먹는다. 양은냄비에 찐 찜개구리들이 갑자기 냄비 속을 튀어나와 앞마당으로 사라진다. 도망간 놈이 연못가 돌다리에 다리 걸치고 앉아 무용담을 늘어놓는다. 죽다가 살아난 이야기를 몰래 듣다가, 소가 된 내 목줄을 끌고 다니는 개구리들을 상상하다가, 소스라치게 놀란다. 군고구마를 열무김치에 감아 먹던 남자들이 농을 시작한다. 조금 전 연못가에 수억 마리의 알을 낳았더니 아랫도리가 허전하고 시리다 한다. 해

산풀이 좀 해야지. 뜨거운 곳을 비집고 앉는다. 한바탕 웃음보가 터진다. 정 많은 해산 찜질방, 올록볼록한 개구리알 쿠션에 기대면, 결리고 아픈 마디마디 풀어지는 소리가 들린다. 윤삼월 개구리 울음소리처럼 정겹다.

—「아름다운 사람들」 전문

황토찜질방을 한다는 친구를 찾아 친구들이 모인다. 황토 냄새가 코를 찌르는 찜질방에는 힘겹게 살아온 남자들이 거친 삶의 무용담을 풀어놓으며 막걸리에 거나하게 취하고 있다. 그들의 거친 삶이 구체적으로 그려지지는 않지만 그들이 풀어놓는 과장된 무용담과 진한 농은 결코 그들의 삶이 순탄하지만은 않았음을 짐작하게 한다. 그러나 그들의 "한바탕 웃음보"는 그 모든 삶의 역경들을 풀어지게 한다. "결리고 아픈 마디마디 풀어지는 소리가 들리"는 이유는 여기에 있다. "윤삼월 개구리 울음소리처럼 정겹"게 들리는 그들의 호탕한 웃음 소리. 시인은 이들은 "아름다운 사람들"이라 부른다. 그들의 '냉기'가 함께 있다는 것으로 '온기'로 변하는 것이다. 이 친구들을 '황토찜질방'에서 모이게 한 시인의 시선을 주목해야하는 이유도 여기에 있다.

약국도 문을 닫은 일요일 오후.

꽃가루 풀풀거리는 환절기의 알레르기,
온몸이 가렵고 재채기에 콧물이 난다.
열이 나고 코 밑이 헐어 따갑고 아리고,
쏟아지는 콧물이 개천의 홍수다.
젖은 화장지가 산처럼 쌓인다.
엉겅퀴, 가시덤불, 숲이 온통 꽃가루다.
묵은 안약 두어 방울 눈 속에 떨어뜨린다.
신기하게도 재채기, 콧물이 멈춘다.
코와 입, 귀와 눈, 하나로 이어지는 길,
밖으로 가는 길, 세상으로 가는 길이,
몸속에서 시작된다는 아버지의 말씀이셨다.

—「몸속의 길」 전문

함께 살아가는 인간들에 대한 시인의 믿음이 예리한 시적 감수성으로 그려지고 있는 시가 「몸속의 길」이라 할 수 있다. 꽃가루 날리는 환절기에 알레르기로 온몸이 가렵고 재채기에 콧물까지 심하게 나 정신을 차릴 수가 없다. 온갖 꽃가루로 가득한 세상에서 시인의 고통이 어디에서 기인하는 것인지도 알 수 없다. 그저 모든 것이 다 견디기 힘든 환경일 뿐이다. 그런데 신기하게 시인의 고통은 한 순간 사라지게 된다. "묵은 안약 두어 방울 눈 속에 떨어뜨"렸을 뿐인데 신기하게도 "재채기, 콧물이 멈"춘 것이다. 그때 "코와 입,

귀와 눈, 하나로 이어지는 길", "밖으로 가는 길, 세상으로 가는 길이, 몸속에서 시작된다"는 아버지의 말씀이 떠오른다. 세상 밖으로 가는 길은 모두 몸 속에서 시작되며 그것은 하나로 이어지는 길이라는 것. 결국 세상으로 가는 길은 '나'와 '너', '우리'에서 시작되고 있다는 것이다.

4.

자꾸 되살아나는 너는 군중 속에 섬을 만들고 등대를 만든다.
무의미한 의미들이 춤추는 섬에는 억새꽃이 피고지고,
시멘트 꽃가루를 풀풀 날리는 너를 안고, 모과나무 무성한 회색빛 돌덩어리 안고, 사랑을 하는 나는 징그러운 뱀이야.
버겁게 차오르는 나른함과 몸속 울림통만 끝없이 커가는 징그러운 뱀,
오늘도 차가운 너의 몸에 똬리를 틀고 뜨거운 입김을 토해내고 있다.

—「고독」 부분

천선자는 어둡고 무심한 세상 속에서도 "섬을 만들고 등대를 만든다". 밝은 불빛으로 인간들을 끌어안고자 하는 시인의 의지는 스스로 "징그러운 뱀"이 되어 모두를 끌어안고 있는 것이다. "차가운 너의 몸에 똬리를 틀고 뜨거운 입김을 토해 내고" 있는 뱀. "둥글게 몸을 말아 가슴이 따스"(「둥글려 보면」)한 시인이 토해내는 뜨거운 입김에 차가운 세상이 따스해지고 있다. 어둠의 강을 끌어안고 있는 아름다운 뱀. 시인은 어두운 삶을 살아갈 힘은 우리의 삶 내부에 있음을 믿고 있다. 비록 삶이 어둠의 강이라 해도 그 어둠을 끌어안고 뜨거운 입김을 토해내는 것. 시인이 여정의 끝에서 찾아내고 있는 '둥근 몸'이 바로 삶의 시작이라는 것. 어둠의 강을 끌어안고 있는 뱀이 아름다운 것은 이러한 이유에서이다.